N BUSINESS CORRESPONDENCE

In the same series

French Business Correspondence
Stuart Williams and Nathalie McAndrew-Cazorla

German Business Correspondence
Paul Hartley and Gertrud Robins

Spanish Business Correspondence
Michael Gorman and María-Luisa Henson

French Business Situations*
Stuart Williams and Nathalie McAndrew-Cazorla

German Business Situations*
Paul Hartley and Gertrud Robins

Italian Business Situations*
Vincent Edwards and Gianfranca Gessa Shepheard

Spanish Business Situations*
Michael Gorman and María-Luisa Henson

Manual of Business French
Stuart Williams and Nathalie McAndrew-Cazorla

Manual of Business German
Paul Hartley and Gertrud Robins

Manual of Business Italian
Vincent Edwards and Gianfranca Gessa Shepheard

Manual of Business Spanish
Michael Gorman and María-Luisa Henson

*Accompanying cassettes available

ITALIAN BUSINESS CORRESPONDENCE

Vincent Edwards
and
Gianfranca Gessa Shepheard

London and New York

Vincent Edwards is Head of Research at the Business School, Buckinghamshire College (A College of Brunel University).

Gianfranca Gessa Shepheard is a freelance translator.

In the preparation of this handbook every effort was made to avoid the use of actual company names or trade names. If any has been used inadvertently, the publishers will change it in any future reprint if they are notified.

First published 1996
by Routledge
11 New Fetter Lane, London EC4P 4EE

Simultaneously published in the USA and Canada
by Routledge
29 West 35th Street, New York, NY 10001

© 1996 Vincent Edwards and Gianfranca Gessa Shepheard

Typeset in Rockwell and Univers by Solidus (Bristol) Ltd
Printed and bound in Great Britain by TJ Press (Padstow) Ltd, Cornwall

British Library Cataloguing in Publication Data
A catalogue record for this book is available from the British Library

Library of Congress Cataloguing in Publication Data
Edwards, Vincent, 1947–
    Italian business correspondence/Vincent Edwards and Gianfranca Gessa Shepheard.
        p.   cm. – (Languages for business)
    English and Italian.
    1. Commercial correspondence, Italian.   I. Shepheard, Gianfranca Gessa, 1950–   .
    II. Title.   III. Series.
HF5728.I8E388   1996
808'.066651051–dc20   96–19929
ISBN 0–415–13711–X

Contents

Business Correspondence

Italian business correspondence

Italian business letters tend to be stylized, impersonal and to the point. They are regarded as communication between organizations rather than between individuals. The signature of the sender is frequently illegible and the name is not indicated.

The names and addresses of companies should be preceded by *Spett.* (*Spettabile*), which is the equivalent of Messrs, e.g. *Spett. Ditta Tedesco SpA*, *Spett. Ditta Fratelli Boccadoro Srl*.

Individuals are addressed by their title e.g. *Signor Fenoglio, Signora Acquaviva, Dottor Valenzano*, unless the writer knows them very well. It is possible but not usual to begin letters with *Egregio Signor Fenoglio*, etc. If a letter needs to be directed to a particular individual this is done by use of *'Per la cortese attenzione della Signora Acquaviva'* or *'C.A. Signora Acquaviva'*.

The English 'Dear Sir/Madam' is not normally used in business letters. *Caro Signore/Cara Signora/Caro lettore*, etc. is occasionally used in circulars to subscribers or potential customers.

The purpose of the letter is always specified by summarizing the main content (*Oggetto*) at the beginning, e.g. *Oggetto: Vs lettera del 12 maggio*.

Standard endings to letters are *Distinti saluti* (Yours faithfully) and *Cordiali saluti* (Yours sincerely) although more flowery endings are also used, e.g. *Vi porgiamo i nostri più distinti saluti*.

If there are any enclosures they are referred to by *All.* (*allegato*). The number of items enclosed is also specified, e.g. *All. 2*.

As letters are usually regarded as communication between organizations, the *Voi* form of the verb is used. Note that the forms of *Voi*, etc. are written with a capital letter, even when they appear within words e.g., *Vi inviamo i campioni da Voi richiesti, Siamo spiacenti di doverVi informare che ...* The various forms of *Vostro* are abbreviated to *Vs*, e.g., *il Vs ordine del 29 giugno*. Similarly the forms of *nostro* are abbreviated as *ns*, e.g. *secondo le ns istruzioni*.

If the letter is directed at a specific individual known to the sender, the *Lei* form of the verb can be used.

Note on translations

The documents presented here in parallel text are not a word-for-word translation of each other. Owing to obvious differences in letter-writing style in Italy and the business terminology used, it is possible to offer only an equivalent version of the Italian documents in the English text.

1 Enquiry about a product

Augustin SA
Z.I. de l'Empereur
F-19200 Ussel
France

Dear Sir/Madam

RE: TOOTHPICK MAKING & PACKAGING MACHINE

We represent a major distributor of foodstuffs and related materials in Kenya.

We have found your name in *Kompass* under the category of suppliers of toothpick-making machinery. Our present requirement is for a special toothpick-making and packaging machine. If you do produce such equipment or can supply it we would be pleased to receive your earliest quotation CIF Mombasa, prices for this machine and its equipment, together with a stated delivery time.

Please would you also quote for the installation of this machine in the Ususu factory in Mombasa.

We look forward to your earliest reply and remain

Yours faithfully

John Mason
Technical Director

1 Richiesta di informazioni sulla disponibilità di un prodotto

Spett. Ditta[1] AUGUSTIN SA
Z.I. de l'Empereur
F-19200 Ussel
Francia

Agrate Brianza, li[2] ...., 199-

Alla cortese attenzione del Titolare

OGGETTO:[3] **Macchine produzione e confezionamento stuzzicadenti**[4]

La ns[5] società rappresenta uno dei principali distributori di generi alimentari e prodotti affini in Kenia.

La Vs[6] azienda è inclusa nella guida *Kompass* nella categoria 'Fornitori di macchine per la produzione di stuzzicadenti'. Abbiamo attualmente bisogno di un macchinario speciale per la produzione ed il confezionamento degli stuzzicadenti. Qualora[7] la Vs società produca macchine di questo tipo o sia in grado di[8] fornirle, gradiremmo ricevere al più presto possibile la Vs offerta CIF Mombasa, i prezzi e le attrezzature relative, oltre alla data di consegna.

Vogliate anche includere il costo dell'installazione della suddetta macchina nello stabilimento della Ususu a Mombasa.

In attesa del Vs pronto riscontro Vi inviamo distinti saluti.

KENCIBI Srl
Dott. Gianni Mussini
Direttore Tecnico

1 Also *Spett.le*, *Spettabile*, translates the English 'Messrs'.
2 Note that the date in Italian is preceded by the name of the town from which the letter originates. *Li*, old fashioned and meaning 'the', is used in letters and official documents.
3 Means 'subject matter' of the letter; equivalent of <u>RE:</u>.
4 Alternative: *stecchini*.
5 Abbreviation for *nostra, nostro, nostri, nostre*; also found as *n*.
6 Abbreviation for *vostra, vostro, vostri, vostre*; also found as *v*: capital letter used as sign of respect.
7 Alternative: *nel caso in cui* (both need the verb in the subjunctive form).
8 Alternative: *possa*.

2   Enquiry about prices

Bandani Detergenti SpA
Via A. Lamarmora 75
20093 COLOGNO MONZESE (MI)
Italy

Dear Sir/Madam

RE: QUOTATION RMS34/16 JAN 199-/TOILET CLEANSER

On 16 January we received a quotation from your company for the supply of 4,000 litres of industrial toilet cleanser and disinfectant. We were unable to justify ordering this at the time, because we had sufficient stocks from our previous order at the end of last year.

We would like to enquire now if the prices quoted at the time are still valid for this commodity.

If you are unequivocally able to confirm that this is the case, please take this letter as an order for a further 10,000 litres. If there has been any price increase, please fax this to us or phone the undersigned to enable us to proceed and agree a price in due course.

Yours faithfully

Dick DeZwart
Buyer

Business Correspondence

2 Richiesta di informazioni sui prezzi

Spett. Ditta BANDANI DETERGENTI SpA[1]
Via A. Lamarmora 75
20093 COLOGNO MONZESE (MI)
Italy

Per la cortese attenzione del DIRETTORE VENDITE

Lauwe-Menen, li ...., 199-

OGGETTO: Quotazione RMS34/16 gennaio 199-/Detergente igienico-sanitario

Facciamo seguito[2] alla Vs offerta del 16 corrente mese per la fornitura di 4.000
litri di detergente e disinfettante igienico-sanitario industriale. Non ritenemmo
allora opportuno inviarVi un ordinativo[3] in quanto[4] disponevamo di scorte
sufficienti in magazzino consegnateci con l'ordinativo della fine dello scorso
anno.

Vogliate comunicarci se i prezzi quotati sono tuttora validi per questo prodotto.

In caso di conferma dell'offerta in oggetto vogliate considerare la presente come
buono d'ordine per altri 10.000 litri di detergente. In caso di aumento del prezzo
vogliate comunicarlo al sottoscritto per fax o telefono per consentirci di
procedere e concordare il prezzo.

In attesa del Vs cortese riscontro vogliate gradire i ns migliori saluti.

CLEANSTECHNICK
Ufficio Acquisti
Dick DeZwart

1 Abbreviation for *società per azioni*, public limited company or company limited by
   shares.
The following alternatives may be used: 2 *In riferimento*; 3 *un'ordinazione, un'ordine*;
4 *in quanto: poiché, dato che.*

3 Enquiry about a company

GiardinPrati SpA
Via Cassia Km 89
Val di Paglia
53040 RADICOFANI
Siena
Italy

Dear Sir/Madam

RE: ORDER LAWN-IND/CZ28

We refer to your quotation for 30 industrial mowing machines, model CZ28.

Our client is now eager to proceed with finalizing the order for this equipment as we are slowly approaching spring time. As we have never placed an order with your company, we would like to receive your full audited accounts for the last four trading years.

Please ensure that the above accounts reach us within the next five working days, as we are eager not to miss the six-week-delivery time which will enable us to have the equipment in our hands as soon as possible.

Yours faithfully

Sales Department

3 Richiesta di informazioni su una società

Spett.le Ditta GIARDINPRATI SpA
Via Cassia Km 89
Val di Paglia
53040 RADICOFANI (SI)
Italy

Helsinki, li . . . ., 199-

C.A.[1] – Ufficio Vendite Estere

OGGETTO: Ordinazione LAWN-IND/CZ28

In riferimento alla Vs offerta per la fornitura di n.30 tagliaerba/trattorini industriali, modello CZ28.

Il ns cliente ha richiesto la finalizzazione dell'ordine[2] delle suddette macchine data l'imminenza della stagione primaverile. In quanto non abbiamo mai effettuato alcun acquisto dalla Vs società, Vi preghiamo di inviarci i rendiconti annui degli ultimi quattro anni di esercizio della Vs azienda.

Vogliate farci pervenire[3] i suddetti documenti entro i prossimi cinque giorni lavorativi, per poter completare la consegna della merce in oggetto entro il tempo di consegna di sei settimane per consentirci di disporre delle macchine quanto prima.

RingraziandoVi anticipatamente Vi porgiamo distinti saluti

RAUMA
Ufficio Vendite

1 Abbreviation for *per la cortese attenzione*.
2 Alternative: *ordinazione*.
3 Alternative to *farci pervenire*: *inviarci*.

4 Enquiry about a person

ROPER Industriale
Viale San Benedetto 39–43
20084 Lacchiarella
Milano

Dear Sirs

RE: Mr Samuel Smith

We write to you as a fellow producer of machine tools. We have recently received an application from Mr Samuel Smith of Reading (England) who is applying for a post as technical support engineer with our company. This gentleman has given your company's name both as a previous employer and as a character referee.

From our reading of Mr Smith's CV he would appear most suitable for the post. However we are also keen that people should fit into our factory and we are most concerned that in his early twenties Mr Smith was a very active member of the European Pro-Whale Organization. We would appreciate your comments on this as we are keen to be better informed about this candidate.

Yours faithfully

Carlo Ruggeri
Personnel Manager

4 Richiesta di informazioni di carattere personale per dipendente da assumere

Spett.le Ditta
ROPER Industriale
Viale San Benedetto 39–43
20084 LACCHIARELLA (MI)

Castelfranco, ..., 199-

OGGETTO: <u>SAMUEL SMITH/DOMANDA D'IMPIEGO</u>

Scriviamo alla Vs società quali coproduttori di macchine utensili. Il signor Samuel Smith, residente a Reading, in Inghilterra, ha recentemente inoltrato[1] domanda per essere assunto quale tecnico di sostegno presso la nostra società. Il sig. Smith ci ha fornito il nominativo[2] della Vs società quale precedente datore di lavoro e quale referenza.[3]

Dal suo curriculum il sig. Smith risulta più che idoneo per la posizione. Abbiamo sempre a cuore l'inserimento dei ns dipendenti nel ns stabilimento e per questo consideriamo alquanto preoccupante il fatto che il signor Smith, quando aveva poco più di vent'anni, fosse iscritto e socio attivissimo dell'Organizzazione Europea Pro-Whale. Gradiremmo i Vs commenti a proposito e Vi preghiamo di favorirci[4] ulteriori informazioni particolareggiate sul suddetto candidato.

RingraziandoVi anticipatamente porgiamo cordiali saluti

DETTORI F.lli
Dr. Carlo Ruggeri
Direttore Ufficio Personale

1 Alternative: *presentato*.
2 Alternative: *nome*.
3 Due to the current climate of corruption and the investigation of company and public officials, Italian employers tend not to ask for letters of reference.
4 *Favorire* is commonly used when politely requesting something, e.g. *mi favorisca il passaporto* (can I have your passport, please?).

5 Enquiry asking for a specific quote

Sales Manager
OFFICE 2000
89–91 Scott Road
Olton
Solihull
West Midlands
B92 7RZ

Dear Sir/Madam

RE: LASER PHOTOCOPIER PR3000

We have been in correspondence with your company over the last six months and have in that time received a number of different quotations for different models of the industrial laser photocopying machines produced by your company. We have decided that the most suitable machine for our requirement is the PR3000.

We note however that your price of £4,000 was per item. We are keen to purchase 20 printers of this particular model and we would like to know what your discount is on an order of this magnitude.

We are also keen to have the delivery time for this equipment. If it were possible to deliver the printers in two separate batches of 10 each, we would require the first delivery in three months' time and the second some two months after that, when our new British office is set up in Cromer.

Yours faithfully

Luca Evangelista
Sales Manager

5 Richiesta di quotazione precisa

Spett.le UFFICIO 2000
Centro Vendita & Assistenza
Divisione Macchine & Attrezzature per Ufficio
Via Fatebenefratelli 35
20121 MILANO

Per la cortese attenzione del Direttore Commerciale

Roma, li . . . . , 199-

OGGETTO: FOTOCOPIATRICE LASER PR3000

Nel corso della corrispondenza con la Vs società negli ultimi sei mesi abbiamo ricevuto varie quotazioni per l'acquisto di diversi modelli delle fotocopiatrici laser industriali da Voi offerte. Abbiamo deciso che la macchina più adatta alle nostre esigenze è la PR3000.

Notiamo però che il prezzo di 4.000 sterline per le fotocopiatrici da Voi indicato è unitario. È ns intenzione acquistare 20 fotocopiatrici di questo modello e vorremmo sapere quale sconto sareste disposti a concederci per un'ordinazione di questo tipo.

Vogliate anche favorirci i tempi di consegna relativi. Se la consegna potesse essere effettuata in due lotti separati, ciascuno di 10 fotocopiatrici, gradiremmo[1] ricevere la prima consegna fra 3 mesi e la seconda circa due mesi dopo la prima, quando saranno completati i lavori di approntamento del ns nuovo ufficio a Cromer, in Gran Bretagna.

In attesa di un Vs riscontro inviamo distinti saluti

GENUFFICIO AGENZIA ITALIA
Direttore Vendite
(Dott. Ing.[2] Luca Evangelista)

1 Alternative: *vorremmo*.
2 Abbreviations for *Dottor Ingegnere* (engineering graduate).

6 Soliciting an agency

Erwin Page plc
Electrical appliances & supplies
29 Landon Place
London
SE45 9AS

Dear Sirs

We have heard from business associates that you are looking for an agency for
the promotion of your products in the US. We feel that we may be of assistance to
you: we are a long established agency with offices in the midwest and on the
west coast of the United States, and are experienced in the sale and promotion of
domestic electrical equipment. We have helped several British firms to boost
their US sales, and are convinced that you too could benefit from our experience.
Our UK representative, Charles J Parker, would be pleased to call on you to
discuss your needs further: you can contact him on 0171 745 4756. He will in any
event be in your locality in the coming week, and will take the opportunity of
calling on you.

Yours faithfully

Peter Bowles

6 Richiesta di concessione di rappresentanza

Spett.le Ditta ELVINA SpA
Elettrodomestici – Elettroforniture
Piazza Landi, 29
00123 ROMA

Kansas, ..., 199-

CA: Direttore Commerciale

OGGETTO: RICHIESTA DI RAPPRESENTANZA

Abbiamo appreso da soci in affari che cercate attualmente un'agenzia per la promozione dei Vs prodotti negli USA.[1] Siamo certi di poterVi assistere: la ns agenzia, che è affermata[2] nel campo, si avvale di uffici negli stati medio-occidentali e sulla costa occidentale degli Stati Uniti e ha acquisito una certa esperienza nella vendita e nella promozione di elettrodomestici. Essa ha inoltre assistito diverse società britanniche ad aumentare le loro vendite negli USA e siamo convinti che anche Voi potrete trarre vantaggio dalla ns esperienza nel campo. Il ns rappresentante per l'Italia, Carlo Parca, sarebbe lieto di incontrarVi per discutere ulteriormente le Vs esigenze: vogliate contattarlo al n. telefonico 06 745 4756. Carlo Parca si troverà comunque nella Vs zona la settimana prossima e coglierà l'occasione per recarsi[3] alla Vs ditta.

Restiamo in attesa di una Vs risposta, che confidiamo[4] sarà favorevole, e Vi ringraziamo sentitamente.

TOLLERMAN ASSOCIATES
Peter Bowles

1 Alternative: *Stati Uniti.*
2 *Affermarsi* means: *to prove oneself, make a name for oneself.*
3 Alternative: *andare.*
4 Alternative: *siamo certi.*

7 Requesting information about agents

Duperrier SA
24 avenue des Sylphides
Brignoles
83170 Var
France

Dear Sirs

RE: LÜTTICH GmbH

We have heard from colleagues that you have recently used the services of
Lüttich GmbH as agents for your products in Germany. We are in a different line
of business from yourselves, but I believe that Lüttich represents companies of
various kinds. We are looking for agents in Germany and Switzerland for our
stationery products. I should be grateful if you could let us have further
information on the above-named firm. Any information you send us will be
treated with the strictest confidence.

Yours faithfully

P Brandauer

7 Richiesta di informazioni su agenti

Spett.le Ditta PERRERO SpA
PRODUZIONE E LAVORAZIONE
ECOLOGICA DI CARTE RICICLATE[1]
Corso Venezia, 24
10107 TORINO
Italia

Dover, ..., 199-

Per la cortese attenzione del Titolare

OGGETTO: Lüttich GmbH

Abbiamo appreso da ns colleghi che la Vs azienda ha recentemente utilizzato i
servizi della Lüttich GmbH quale agente per i Vs prodotti in Germania. La ns
società opera in un settore diverso dal Vs, ma ci risulta che la Lüttich rappresenti
società di vari tipi. Cerchiamo attualmente agenti che ci rappresentino in
Germania e Svizzera per gli articoli di cancelleria che produciamo nel ns
stabilimento. Vogliate favorirci,[2] in via del tutto[3] confidenziale, ulteriori
informazioni particolareggiate sul conto della suddetta società.

Distintamente

PORTER CARRINGTON PLC
P Brandauer

1 'Ecological production and manufacture of recycled paper'.
2 Alternative: *fornirci*.
3 Alternative to *del tutto*: *strettamente*.

8 Giving information about agents

Herrn H Pike
Heinrich Pittmann GmbH
Ofterdingenstraße 69
6800 Mannheim
Germany

Dear Mr Pike

RE: DIETER & HELLER

Thank you for your enquiry about the company Dieter and Heller, who have been agents for our products for several years. This company has represented our interests in Eastern and Central Europe very effectively and our sales in those regions have been buoyant as a result. You will find their Bonn-based manager, Max Lettmann, particularly helpful, and I am sure he will be interested in co-operating with you.

If you do contact Mr Lettmann, don't hesitate to mention my name.

Yours sincerely

Maria Fischer

8 Rilascio di informazioni su agenti

Spett.le Ditta PITTMANN Srl
Via Michelstädter, 113
34170 GORIZIA
Italy

Durham, ... luglio 199-

Alla cortese attenzione del Signor Giacomo Picca

OGGETTO: Dieter & Heller

Prendiamo atto[1] della Vs richiesta di informazioni sulla suddetta società, che agisce da vari anni quale agente per i ns prodotti. Questa società rappresenta i ns interessi nell'Europa orientale e centrale in modo efficace e le vendite dei ns prodotti in quelle regioni sono di conseguenza elevate. Troverete il direttore della sede di Bonn della Dieter & Heller, Max Lettmann, particolarmente preparato e disponibile, e siamo certi che vorrà instaurare un rapporto di collaborazione con la Vs azienda.

Se contattate il signor Lettman, non esitate a citare il nome della sottoscritta.

Gradite i ns più distinti saluti.

J. CREEK & PARTNERS
Maria Fischer

1 Literally, 'we take note'.

9 Request for a business reference

Mr G Le Blanc
Sales Director
CURTAINS & BLINDS Ltd
PO Box 181
Croydon
CR0 5SN

Dear Mr Le Blanc

RE: CASELLACCI SpA

We would like to introduce our company as a major supplier of castors for office furniture. We have been approached by Casellacci SpA of Pisa as potential distributors of our products in the Italian market. Mr Casellacci has explained that he has been supplying your range of curtain fittings in the market for some fifteen years and has a proven track record of both successful sales and prompt payment with your company.

We are eager to proceed in the Italian market, but we wish to have some reassurance about this company, as we do not know either the company or the individuals concerned. It would appear that they are selling only high quality products and that our range of castors would fit very well into their sales range.

We would appreciate your earliest comments and thank you in advance for providing this information, which we would treat in the utmost confidence.

Yours sincerely

Steve Watwood
Export Manager

9 Richiesta di referenza commerciale

Comunicazione riservata

Spett.le Ditta TENDIDEA Srl
Casella Postale 181
26150 CREMONA
Italy

Alla cortese attenzione del Sig.[1] G. Bianchi, Direttore Vendite

New Malden, .../...../199-

Casellacci SpA – Pisa

La ns società è una delle principali fornitrici di ruote pivotanti per mobili d'ufficio. La Casellacci di Pisa ci ha richiesto la concessione dell'agenzia di distribuzione dei ns prodotti sul mercato italiano. Il sig. Casellacci ci ha spiegato che vende la Vs gamma di accessori per tende da una quindicina[2] d'anni e che la sua performance,[3] sia per quanto concerne il volume delle vendite effettuate che la prontezza dei pagamenti alla Vs società, si è dimostrata particolarmente valida.[4]

Vediamo[5] con particolare interesse il nostro ingresso nel mercato italiano, ma vorremmo ricevere dati rassicuranti sulla suddetta società, in quanto non conosciamo né la società né le persone responsabili di questa. Ci risulta che attualmente vendono solo prodotti di alta qualità e riteniamo perciò che la ns gamma di ruote pivotanti potrebbe essere inclusa nei prodotti venduti dalla Casellacci.

Favoriteci i Vs commenti al più presto. Vi ringraziamo anticipatamente delle informazioni inviateci che useremo in via del tutto riservata.

Vi ringraziamo per la cortese collaborazione e porgiamo distinti saluti.

CASTASSIST
Steve Watwood
Direttore Vendite Estere

1 Abbreviation for *Signor* (Mr); *Sig.a* is short for *Signora* and *Signorina* (Mrs and Miss) which can also be abbreviated as *Sig.ra* and *Sig.na* respectively, *Sigg.* is used for Messrs.
2 Also *decina* (about 10), *ventina* (about 20), *trentina* (about 30), etc.
3 Frequently used in Italian. Alternatives: *rendimento, prestazione.*
4 Alternative: *efficace.*
5 Alternative: *consideriamo.*

10 Favourable reply to request for a business reference

Mr S Watwood
CASTASSIST
158–161 Cressex Estate
New Malden
Surrey
KT13 4EY

Dear Mr Watwood

RE: CASELLACCI SpA of Pisa

We thank you for your letter of 11 March, regarding the company Casellacci of Italy as potential distributors of your range of castors.

We have indeed been working with Casellacci now for 23 years and know both Andrea Casellacci and his son Antonio, who has become more active in the company over the last few years. Casellacci have a number of most competent sales personnel covering the whole of Italy and the islands and have performed most effectively for our company against our large German competitors within the market. Casellacci have over this period of time proven to be most prompt in their payment. At the time of writing I cannot recall any undue delay in the settlement of their bills.

I have some awareness of your company and its products and I am sure they are suited to the Italian market. I hope the Casellacci company will prove a dependable and successful distributor for your product.

We hope you find this information sufficient to your requirements. Should you need any further comments please do not hesitate to contact us.

Yours sincerely

George Le Blanc
Sales Director

10 Risposta favorevole a richiesta di referenza commerciale

Spett. Ditta CASTASSIST
158–161 Cressex Estate
NEW MALDEN
Surrey KT13 4EY
Inghilterra

Cremona, ..., 199-

Alla cortese attenzione del Signor Watwood

CASELLACCI SpA – PISA

In risposta alla pregiata[1] Vostra dell'11 corrente mese[2] in cui richiedete informazioni sulla società italiana Casellacci quale possibile distributrice della Vs gamma di ruote pivotanti.

Vi facciamo noto che la Casellacci lavora con noi da 23 anni e che conosciamo sia Andrea Casellacci che il figlio Antonio, che è diventato più attivo nell'azienda negli ultimi anni. La Casellacci dispone di[3] numerosi venditori abilissimi che coprono la maggior parte del territorio italiano e le isole e ha operato in modo estremamente proficuo per la ns società contro l'imponente presenza della concorrenza tedesca sul mercato. La Casellacci ha sempre fatto fronte agli impegni finanziari assunti e non ha mai effettuato i versamenti dovuti con alcun ritardo.

Siamo consapevoli dell'attività della Vs società e dei Vs prodotti e siamo sicuri che essi si addicano[4] al mercato italiano. Ci auguriamo che la Casellacci si dimostri una distributrice attendibile[5] e abilissima dei Vs prodotti.

Siamo sicuri che troverete le informazioni qui contenute sufficienti, ma se richiedete ulteriori comunicazioni Vi preghiamo di contattarci senza alcun indugio.

Gradite i ns migliori saluti

TENDIDEA Srl
Dott. Giorgio Bianchi
Direttore Vendite

1 Literally, 'esteemed' (*lettera* is understood).
2 Also found as *c.m.*
3 Alternative: *utilizza*.
4 *Addirsi*: 'to be suitable'.
5 Alternative: *affidabile*.

11 Unfavourable reply to request for a business reference

Mr S Watwood
CASTASSIST
158–161 Cressex Estate
New Malden
Surrey
KT13 4EY

Dear Mr Watwood

RE: CASELLACCI SpA OF PISA

We are in receipt of your letter regarding the company of Andrea Casellacci with whom you have been discussing the potential distribution of your products in the Italian market.

We must first ask you to accept our comments on this company in the most confidential terms. We have indeed been working with Casellacci for many years, but unfortunately six months ago Mr Andrea Casellacci was detained by the Italian police and certain irregularities within the company have come to light. A direct result of this situation, in our particular case, is that we have not received payment for the last three major shipments of goods to Casellacci, which were due to us at different times. We are at the moment in discussions with our solicitors who will be undertaking the appropriate action on our behalf.

As a result of this, therefore, although this company has performed successfully in the past, it is obviously not in a position to continue this work on our behalf and therefore in our opinion it would not be a suitable partner for you at this time.

Yours sincerely

George Le Blanc
Sales Director

11 Risposta sfavorevole a richiesta di referenza commerciale

Spett.le Ditta CASTASSIST
158–161 Cressex Estate
NEW MALDEN
Surrey KT13 4EY
Inghilterra

Cremona, li . . . ., 199-

Alla cortese attenzione del Signor Watwood

CASELLACCI SpA – PISA

In relazione[1] alla Vs richiesta dell'11 marzo scorso sulla società di Andrea Casellacci con cui state discutendo la possibile distribuzione dei Vs prodotti sul mercato italiano.

Dobbiamo innanzi tutto[2] richiederVi di fare uso dei commenti su questa società, che vi diamo in via del tutto confidenziale, nel modo più riservato. Il nostro rapporto di collaborazione con la Casellacci durava da molti anni, ma purtroppo sei mesi fa Andrea Casellacci fu arrestato dalle forze dell'ordine italiane e sono appurate talune irregolarità della società. Un risultato diretto di questa situazione, per noi, è la mancata corresponsione alla ns società del saldo delle ultime tre partite principali di merce consegnate alla Casellacci: questi pagamenti erano scaduti in periodi diversi. Abbiamo adesso incaricato i ns rappresentanti legali perché intentino le pertinenti azioni legali.[3]

Dalle informazioni assunte ci risulta, perciò, che, anche se in passato ha operato con profitto, l'azienda in oggetto non sia in grado di continuare a farlo per conto della ns società, e, a ns giudizio, la Casellacci non offre attualmente le garanzie desiderabili come Vs partner.

Distintamente

TENDIDEA Srl
Dott. Giorgio Bianchi
Direttore Vendite

1 Alternative: *riferimento*.
2 Alternative: *prima di tutto*.
3 *Intentare azioni legali*: 'to start legal proceedings'.

12 Evasive reply to request for a business reference

Mr S Watwood
CASTASSIST
158–161 Cressex Estate
New Malden
Surrey
KT13 4EY

Dear Mr Watwood

RE: CASELLACCI SpA OF PISA/ITALY

We are in receipt of your letter regarding the company Casellacci SpA with whom you have been discussing the distribution of your products in the Italian market.

Casellacci are a very reputable company, but we are concerned that they might have already stretched themselves with the selling of our products in Italy and we feel that, if they did take on your range of products, they would probably have to employ a further product manager and perhaps another half a dozen regional sales people to cover the Italian market adequately.

We trust this information is sufficient, but should you require any further comments please do not hesitate to contact us.

Yours sincerely

George Le Blanc
Sales Director

12 Risposta evasiva a richiesta di referenza commerciale

Spettabile Ditta CASTASSIST
158–161 Cressex Estate
NEW MALDEN
Surrey KT13 4EY
Inghilterra

Cremona, li . . . ., 199-

Alla cortese attenzione del Signor Watwood

OGGETTO: **CASELLACCI SpA – PISA/ITALIA**

In risposta alla Vs lettera riguardante la società CASELLACCI SpA con cui avete in corso di discussione la potenziale distribuzione dei Vs prodotti sul mercato italiano.

La Casellacci è una ditta molto seria e che gode buona stima, ma ci preoccupa che essa abbia già utilizzato tutte le risorse di cui dispone per vendere i ns prodotti in Italia; riteniamo che, se includesse la Vs gamma di prodotti, dovrebbe con tutta probabilità assumere un altro manager di prodotto e probabilmente altri sei rappresentanti regionali per coprire adeguatamente il mercato italiano.

Ci auguriamo[1] che i ns commenti siano sufficienti, ma restiamo a Vs disposizione per fornirVi ulteriori informazioni.

Lieti di poterVi essere utili con stima Vi salutiamo.

TENDIDEA Srl
Direttore Vendite
Dott. Giorgio Bianchi

1 Alternative to *Ci auguriamo*: *speriamo*.

13 Placing an order

Jenkins Freeman plc
Unit 36
Heddington Industrial Estate
Birmingham
B34 9HF

Dear Sirs

We thank you for your catalogue and price list, which we read with interest. On the basis of your current prices, we wish to order the following:

   50 electric drills, model 1456/CB
   50 chain saws, model 1865/CH

Delivery is required by 3.5.199-, and the goods should be delivered to our warehouse in Riddington Way, Battersea. As agreed, payment will be by banker's draft.

Yours faithfully

Gillian Brookes
Purchasing Department

13   Invio di ordine

Spett. le Ditta JENKINS FREEMAN plc
Unit 36
Heddington Industrial Estate
BIRMINGHAM B34 9HF
Inghilterra

Ca,[1] ...../...../199-

OGGETTO: ORDINAZIONE – trapani e motoseghe

Con la presente Vi ringraziamo del Vs catalogo e listino prezzi che abbiamo trovato di particolare interesse. Sulla base dei Vs prezzi correnti ci pregiamo[2] di rimetterVi[3] il seguente ordine:

> n. 50 trapani elettrici, modello 1456/CB
> n. 50 motoseghe, modello 1865/CH

Fornitura da eseguire entro il 3 maggio 199-, e la consegna della merce in oggetto da effettuare al ns magazzino di Riddington Way, Battersea, in Inghilterra. Come convenuto, il pagamento sarà effettuato a mezzo di assegno circolare.

Distinti saluti

LIBERO SpA
Ufficio Acquisti
Giorgio Bianchi

1   Abbreviation for Italian place name Cagliari.
2   Alternative: *siamo lieti.*
3   Alternatives: *trasmetterVi, inviarVi.*

14 Cancellation of order

Porzellanfabrik Hering
Langauer Allee 18
7000 Stuttgart
Germany

Dear Sirs

RE: ORDER NO. HGF/756

We recently placed an order for 60 bone china coffee sets (model 'Arcadia'). The order reference: HGF/756.

We regret that due to circumstances beyond our control, we now have to cancel the order. We apologize for any inconvenience this may cause you.

Yours faithfully

D. Grey

14 Disdetta d'ordine

Spett.le Ditta PORZELLANFABRIK HERING
Langauer Allee 18
7000 STUTTGART
Germania

Bari, li . . . . , 199-

Disdetta ordine HGF/756

Vi abbiamo recentemente inviato un ordine per n. 60 servizi da caffé in porcellana finissima (modello 'Arcadia'), Rif.[1] Ordine n. HGF/756.

A causa di circostanze non dipendenti dalla ns volontà siamo purtroppo costretti a disdire il suddetto ordine. Vi preghiamo di scusarci per il disturbo causatoVi.

Gradite i ns migliori saluti.

PORCELLANA LUX
D. Grei

1 Abbreviation for *riferimento* (reference).

15 Confirming a telephone order

Henning & Söhne GmbH
Schillerstraße 45
4300 Essen
Germany

Dear Mr Hartmann

Following the visit of your representative Dieter Höne last week, we are confirming our telephone order for

    250 car seat covers, model AS/385/c

The total price of the order, inclusive of your discount, is £4,600. Payment will follow immediately upon delivery. The covers should be delivered no later than Tuesday 3 February, to our warehouse on the Pennington Industrial Estate, Rochdale.

Yours sincerely

Derek Batty

15 Conferma di ordine precedentemente trasmesso per telefono

Spett.le Ditta HENNING & SÖHNE GmbH
Schillerstrasse 45
4300 ESSEN
Germania

ALLA CORTESE ATTENZIONE DEL SIG. HARTMANN

Bolzano, li ...., 199-

OGGETTO: CONFERMA ORDINE

A seguito delle intese verbali[1] avute con il Vs rappresentante Dieter Höne la settimana scorsa, Vi confermiamo il ns ordine trasmessoVi per telefono per

n. 250 fodere sedili auto, modello AS/385/c

Importo totale dell'ordine, Vs sconto compreso: L. 10.000.000[2] (dieci milioni). Pagamento immediato alla consegna.

La consegna delle fodere dovrà essere effettuata entro, e non oltre, martedì 3 febbraio p.v.[3] al ns magazzino nella zona industriale Thöni di Bolzano.

In attesa Vi porgiamo i ns distinti saluti.

Dario Batti
Ufficio Commerciale Centrale

1 Alternative: *contrattazioni*.
2 Note the use of full stops in Italian (commas are used with decimals).
3 Abbreviation for *prossimo venturo* (next month).

16 Making an order for specific items of office equipment

7 July 199-

Your ref.
Our ref. HB/LP

Garzón y Hijos
Plaza de la Catedral 8
Bogotá

Dear Sir/Madam

Please supply the following items, using the Order Number E183, to the above address at your earliest convenience; payment will be made within 14 days of receipt of your invoice and of the goods as ordered.

6 artists' stools (aluminium)

20 sets of 5 painting brushes

10 reams of A5 drawing paper

2 drawing tables: 2m × 1m

1 Sanchix camera: FB4x model

1 QRM computer: portable TGs model

Before you prepare and invoice us for these goods, please inform us by telex or phone of the cost per item, in order to avoid any unexpectedly high sums in the final bill, as this is something which has occasionally happened in the past.

We thank you in anticipation of your prompt reply.

Yours faithfully

Herberto Baza
Studio Supervisor

16 Ordinazione di articoli tecnici specifici per ufficio

Spett.le Ditta Garzon Enzo & Figli
Via A. Rosso 239–41
32040 TAI DI CADORE
Belluno
Italia

Vs Rif
Ns. Rif. EB/LB

CA: Ufficio vendite

Venezia, .../...../199-

OGGETTO: ORDINE N. E183

Vogliate fornire con la massima sollecitudine[1] i seguenti articoli, ordine n. E183, al suddetto indirizzo; il pagamento seguirà entro 14 gg[2] dalla ricevuta della Vs fattura e della merce ordinataVi.

n. 6 sgabelli disegnatore (alluminio)

n. 20 set pennelli, in confezioni di 5

n. 10 risme di carta da disegno, formato A5

n. 2 tecnigrafi 2m × 1m

n. 1 macchina fotografica Sanchix: modello FB4X

n. 1 computer QRM: portatile, modello TGs

Prima di imballare ed addebitarci il costo degli articoli ordinatiVi, vogliate comunicarci i costi unitari, onde evitare l'addebito di prezzi inaspettatamente troppo alti nelle fatture, come avvenuto occasionalmente in passato.

Vi ringraziamo in anticipo del Vs cortese riscontro e Vi porgiamo distinti saluti.

ARTIMMAGINE
Umberto Bazza
Direttore Studio

1 Alternative: *il più presto possibile*.
2 Abbreviation for *giorni*.

17 Acknowledgement of an order

Mr Henry Putton
33 Flintway
West Ewell
Surrey
KT19 9ST

Dear Mr Putton

Thank you for your signed order given to our Advisor for a bed to be constructed to your specific requirements.

We shall now pass your order to our Design Department complete with your personal specification.

Delivery time will be approximately seven weeks and you will be advised of the exact date in due course.

Once again many thanks for your order.

Yours sincerely

Janet Craig
Customer Relations Manager

17 Accettazione di ordine

Egr.[1] Dott.[2] G. De Bellis
Via Cimarosa, 112
13011 BORGOSESIA (VC)

Cordenons, ..., 199-

Egregio Dott. De Bellis

OGGETTO: <u>LETTO SU MISURA</u>

La[3] ringraziamo dell'ordine firmato consegnato al ns Consulente per la fornitura di un letto che sarà fabbricato secondo le Sue esigenze specifiche.

Il Suo ordine ed i Suoi dati specifici saranno trasmessi al ns ufficio tecnico.

La consegna avverrà approssimativamente fra 7 settimane[4] e riceverà comunicazione della data precisa di consegna a tempo debito.

RingraziandoLa ancora dell'ordine assegnatoci Le porgiamo i ns migliori saluti.

Con distinti saluti

DORMIBEN Srl
Giovanni Crespi
Direttore Relazioni Clientela

1 Abbreviation for *Egregio* (eminent, distinguished, excellent).
2 Abbreviation for *Dottor* (male university graduate).
3 *Lei* form is used in this letter as it is addressed to a private individual.
4 Alternative: *fra 7 settimane circa*.

18   Payment of invoices

Letter accompanying payment

Dr V Meyer
Neue Marktforschung GmbH
Kastanienallee 14
D–45023 Osnabrück
Germany

Dear Dr Meyer

I enclose an international money order to the value of 450DM as payment for the three market research reports on dairy products published by your organization this year.

As agreed during our telephone conversation on 15.1.199-, the sum enclosed includes postage.

I look forward to receiving the reports as soon as possible.

Yours sincerely

Maria Meller

Enc.

18 Pagamento di fatture

Lettera allegata al versamento

Spett.le Ditta
Neue Marktforschung GmbH
Kastanienallee 14
D–45023 OSNABRÜCK
Germania

PER LA CORTESE ATTENZIONE DEL DOTTOR V. MEYER

Roma, li 28 . . . ., 199-

OGGETTO: PAGAMENTO – 3 RELAZIONI/LATTICINI

Vi rimettiamo in allegato un vaglia postale internazionale, importo 450 DM, a saldo del pagamento delle tre relazioni di ricerca del mercato sui latticini pubblicate quest'anno dalla Vs organizzazione.

Come convenuto[1] telefonicamente in data 15.1.199-, l'importo allegato include le spese postali relative.

Vogliate inviarci le suddette pubblicazioni con sollecitudine e vogliate gradire i nostri distinti saluti.

PELICANO s.n.c.
Maria Meller

All.

1 Alternatives: *concordato, stabilito.*

19 Payment of invoices

Request for deferral

South East Finance Ltd
Dovehouse Lane
Sutton
Surrey
SM2 6LY

Dear Sirs

RE: MAXITRUCK 2000

I refer to our recent agreement of 30 November 199- regarding payment for one 40-ton Maxitruck 2000.

As you will recall, we paid an initial instalment of £10,000 and agreed to 10 further monthly instalments of £3,000. The December and January instalments, as you will know, have been paid promptly.

However, owing to the serious economic situation we find ourselves in, we are at the moment unable to make payments as agreed. Because of our reduced cash flow we are unable to pay more than £2,000 a month. We would, therefore, appreciate the opportunity to discuss this matter with you and reach a mutually satisfactory arrangement.

Yours faithfully

Tom Page
Finance Manager

19 Pagamento di fatture

Richiesta di proroga

Spett.le Società FINANZA SUDEST SpA
IMMOBILIARI FINANZIARI
Via Palermo, 27
20105 Milano

Filago, .../...../199-

ALLA CORTESE ATTENZIONE DELL'UFFICIO AMMINISTRAZIONE E FINANZA

OGGETTO: ACC.[1] PAGAMENTO MAXITRUCK 2000

In riferimento al ns recente accordo del 30.11.199- relativo al pagamento del
Maxitruck 2000 di 40 tonnellate.

Come ricorderete, versammo[2] un acconto di L.[3] 20.000.000 e concordammo di
versare 10 ulteriori rate mensili di L. 6.000.000 cad.[4] Come sapete, abbiamo
effettuato puntualmente i versamenti relativi di dicembre e gennaio.

Purtroppo, a causa della difficile situazione economica in cui si trova attualmente
la ns azienda, non siamo in grado di effettuare i versamenti nel modo e nei tempi
convenuti. A causa del ridotto cash-flow non possiamo versare più di L. 4.000.000
al mese. Vogliate perciò accordarci un incontro per discutere quanto qui esposto
e per raggiungere un accordo reciprocamente soddisfacente.

In attesa di una Vs risposta favorevole Vi porgiamo distinti saluti.

MECCANICA DI GIOVANNI Srl
Dott. Tito Paglia
Direttore Amministrazione e Finanza

1 Abbreviation for *accordo* (agreement).
2 Alternative: *pagammo*.
3 Abbreviation for *Lire*; also found as *Lit* (lire italiane) and *£*.
4 Abbreviation for *cadauna* (each).

20 Payment of invoices

Refusal to pay

Johnson (Builders) Ltd
Nugget Grove
Christchurch

Dear Sirs

RE: INVOICE NO. L28/4659

We refer to your invoice No. L28/4659 regarding repairs to the roof of workshop 17 at Heath End.

In spite of the repair work carried out by your employees the roof still leaked in a number of places during the recent rains, causing a shut-down of the workshop for safety reasons.

We look forward to a speedy response to resolve this problem and assure you that your invoice will be paid as soon as this matter has been resolved to our satisfaction.

Yours faithfully

20 Saldo di fatture

Rifiuto di effettuare il versamento

Spett.le Ditta EDIFICA Srl
CAPANNONI PREFABBRICATI[1]
Corso Carlo Alberto 124/A
73100 LECCE

Lecce, ... / . . . . . /199-

OGGETTO: VS FATT.[2] L28/4659

In riferimento alla Vs fattura n. L28/4659 relativa alle riparazioni del tetto della ns officina numero 17 dello stabilimento di Rodallo.

Nonostante le riparazioni effettuate dai Vs dipendenti diversi punti del tetto hanno subito recentemente l'infiltrazione dell'acqua piovana, con conseguente chiusura, per motivi di sicurezza, dell'officina interessata.

Confidiamo[3] di ricevere una Vs rapida risposta per risolvere il problema qui esposto e Vi assicuriamo che il saldo della Vs fattura Vi sarà rimesso non appena[4] il problema sarà stato opportunamente rettificato.

Con distinti saluti

INDUSTRIE MERIDIONALI

1 'Prefabricated factory buildings'.
2 Abbreviation for *fattura* (invoice).
3 Alternative: *contiamo, speriamo*.
4 *Non appena*: as soon as.

21 Apologies for non-payment

Mr I Sahani
Michigan Lake Trading Co.
974 South La Salle Street
Chicago
Illinois 60603
USA

Dear Mr Sahani

I refer to our telephone conversation yesterday.

I must once again apologize for the fact that you have not yet received payment for order No. 072230/5310.

Payment was duly authorized by me on the 10 July, but due to staff holidays the paperwork appears to have gone astray between our sales and finance departments.

We have now traced the relevant documentation and I can assure you that the matter is being attended to with the utmost urgency.

If you do not receive payment by Monday, 22 August, I would be grateful if you would contact me immediately.

I apologize once again for the inconvenience this has caused you and assure you of our best intentions.

Yours sincerely

21 Scuse per mancato pagamento

Spett.le Ditta COMCOMMERCIO ITA
Viale Gozzano 93
38100 TRENTO
Italy

Hong Kong, ..., 199-

ALLA CORTESE ATTENZIONE DEL SIG. E. SANI

OGGETTO: Ordine N. 072230/5310

In riferimento alla ns conversazione telefonica di ieri.

Siamo spiacenti[1] che ancora non Vi sia pervenuto il pagamento dell'ordine in oggetto.

Il pagamento fu autorizzato personalmente dal sottoscritto il 10 luglio u.s.,[2] ma a causa delle ferie del personale si è verificato un disguido e la pratica non è stata trasferita dal ns ufficio vendite al ns ufficio contabilità.

Abbiamo reperito i documenti relativi e Vi assicuriamo che la pratica sarà espletata[3] con la massima sollecitudine.

Vi preghiamo di contattare immediatamente il sottoscritto in caso di mancata ricevuta da parte Vs della rimessa entro lunedì 22 agosto.

Vi preghiamo di scusarci ancora per il ritardo nell'adempimento del ns impegno.

Vi ringraziamo e Vi porgiamo distinti saluti.

IMPORT–EXPORT INTERNATIONAL

1 Alternative: *ci dispiace*.
2 Abbreviation for *ultimo scorso* (last month).
3 *Espletare*: to carry out, fulfil.

45

22 Request for payment

Huron Motor Factors
6732 John Street
Markham
Ontario
Canada L3R 1B4

Dear Sir

RE: Invoice No. JE/17193

As per our invoice JE/17193 of 13.3.199-, we supplied your plant with 500 litres of AVC automotive base paint, payment due 60 days after receipt of our consignment.

This period of time has now elapsed and we request immediate settlement of the above invoice.

Yours faithfully

22 Richiesta di pagamento

Spett.le Ditta AUTOCARROZZERIA MODENA
Via Giulia, km 17,5
41100 MODENA
Italia

Monaco, .../...../199-

CA: Titolare

OGGETTO: Vs fattura JE/17193/13.3.199-

In conformità della suddetta fattura abbiamo fornito al Vs stabilimento 500 litri di vernice AVC per carrozzeria; scadenza pagamento a 60 gg dalla ricevuta della merce.

Essendo questo periodo ormai scaduto, restiamo in attesa del Vs pagamento quanto più sollecito possibile.

Distinti saluti

ROTHAUT-FARBEN GmbH

23 Overdue account

First letter

Lota (UK) Ltd
93 Armstrong Road
Dudley
West Midlands DY3 6EJ

Dear Sir

Arrears on Finance Agreement No. 261079

I am writing to advise you that your bankers have failed to remit the April instalment of £8,373 on the above agreement and as a result the account is now in arrears.

This has incurred an additional £460.50 in interest and administration charges.

Please advise your bank to transfer £8,833.50 to our account to bring your account up to date and enable us to remove it from our arrears listing.

Yours faithfully

23 Conto scoperto

Primo sollecito di pagamento

Spett. Impresa LOTA (ITALIA) Srl
Via Fortebraccio 93
12100 CUNEO

Milano, li . . . ., 199-

ALLA CORTESE ATTENZIONE DELL'UFFICIO CONTABILITÀ[1]

OGGETTO: Arretrati Accordo finanziario n. 261079

Ci permettiamo di richiamare alla Vs cortese attenzione[2] il mancato trasferimento da parte della Vs banca dell'importo di Lit. 16.500.000 della rata del mese di aprile in ottemperanza al suddetto accordo; di conseguenza il Vs conto risulta attualmente scoperto.

Al suddetto importo vanno[3] aggiunte Lit. 2.350.860 per interessi e spese amministrative.

Vogliate richiedere alla Vs banca il trasferimento immediato dell'importo di Lit. 18.850.860 al ns conto secondo le condizioni convenute.

Distinti saluti

EUROFIN INTERNAZIONALE SPA

1 'Accounts department'.
2 'We take this opportunity to bring to your attention'.
3 Literally, 'are to be', 'have to be'.

24 Overdue account

Final letter

Lota (UK) Ltd
93 Armstrong Road
Dudley
West Midlands DY3 6EJ

Dear Sir

<u>Arrears on Finance Agreement No. 261079</u>

Our records show that despite our previous reminders, your account remains overdue.

We now insist that you clear the outstanding arrears by close of business on Friday, 26 June 199-.

Failure to comply with this request by the date specified will result in the termination of the agreement. We will then take steps to recover our property.

Yours faithfully

24 Conto arretrato

Lettera finale

Spett.le Impresa LOTA (ITALIA) Srl
Via Fortebraccio 93
12100 CUNEO

Milano, li . . . ., 199-

ALLA CORTESE ATTENZIONE DELLA DIREZIONE AMMINISTRAZIONE E
FINANZA[1]

OGGETTO: Arretrati Accordo finanziario n. 261079

Notiamo con disappunto che, malgrado[2] i ns solleciti precedenti, il Vs conto è
tutt'oggi[3] scoperto.

Vi preghiamo di scusarci se insistiamo nel richiederVi il pagamento dell'importo
scoperto e ci vediamo costretti a fissarVi un termine entro, e non oltre, la fine
della giornata lavorativa di venerdì, 26 giugno 199-.

Non pervenendo, entro tale termine, il saldo, saremo costretti, ns malgrado,[4] ad
annullare il suddetto accordo ed a tutelare i ns interessi.

In tale attesa porgiamo distinti saluti.

EUROFIN INTERNAZIONALE SPA

1 'Financial director'.
2 Alternative: *nonostante*.
3 Alternative: *tuttora*.
4 Literally, 'against our will'.

25 Job advertisement

Letter to newspaper

H J Marketing Services
County House
53 Stukely Street
Twickenham TW1 7LA

Dear Sir

Please would you insert the attached job advertisement in the January issues of *East European Marketing Monthly* and *Food Industry Digest*.

As usual we require a quarter-page ad, set according to our house style.

Please invoice payment in the usual way.

Yours faithfully

Enc.

25 Inserzione

Lettera a giornale

Spett.le Società CREATIVE s.a.s.
Agenzia di Pubblicità & Marketing
Via Contea 53
34100 TRIESTE

Pordenone, .../...../199-

CA: Ufficio Pubblicità[1]

Vogliate pubblicare l'allegata inserzione nei numeri di gennaio del *Mensile Esteuropeo di Marketing* e del *Compendio dell'Industria Alimentare*.

Il formato richiesto per l'inserzione è di un quarto di pagina, con composizione grafica conforme al ns stile.

Fatturazione del pagamento da effettuare secondo le solite formalità.

Vi ringraziamo per la cortese collaborazione e cordialmente salutiamo.

EEF SRL

All.

1   'Advertising department'.

26 Newspaper advertisement

We are now expanding our operations in Eastern Europe and require experienced people within the food processing industry who are looking for an opportunity to sell in Hungary and Bulgaria products of leading food companies. The products are of good quality and already enjoy a substantial international reputation.

The salary for the above position is negotiable dependent upon experience and qualifications. A competitive benefits package is offered.

For further details and application form please write to the Personnel Manager, EEF Ltd, 34–40 Roman Road, Epsom, Surrey, KT72 7EF, quoting reference HB/127.

Closing date: 14 February 199-.

26 Inserzione su giornale

AZIENDA DI IMPORTANZA INTERNAZIONALE

Leader[1] nel settore dell'industria alimentare e attualmente impegnata nell'ampliamento delle operazioni nell'Europa orientale ricerca personale esperto addetto alle vendite di prodotti alimentari di altissima qualità e di fama internazionale in Ungheria e Bulgaria.

Le condizioni retributive saranno commisurate alle effettive dimensioni professionali ed alle capacità possedute. Si offre un competitivo pacchetto di fringe benefits.[2]

Per richiedere ulteriori informazioni ed un modulo di selezione scrivere a: Direttore Ufficio Personale, EEF Srl, Via Roma, 177, 33170 PORDENONE, citando il riferimento FB/127.

Data di scadenza: 14 febbraio 199-.

1 Frequently used in Italian to describe companies and individuals.
2 English version frequently used in Italian. Italian would be *benefici accessori*.

27 Asking for further details and application form

EEF Ltd
Roman Road
Epsom
Surrey KT72 7EF

Dear Sir

Ref. HB/127

I would be grateful if you could send me further details and an application form for the post of sales manager advertised in this month's *East European Marketing Monthly*.

Yours faithfully

27 Richiesta di ulteriori informazioni e del modulo di selezione

Spettabile EEF Srl
Via Roma, 177
33170 PORDENONE

ROMA, li . . . . ,199-

ALLA CORTESE ATTENZIONE DEL DIRETTORE UFFICIO PERSONALE[1]

OGGETTO: Vs Rif. HB/127 – Inserzione 'Mensile Esteuropeo di Marketing'/gennaio 199-

Desidero ricevere ulteriori informazioni ed un modulo di selezione per concorrere al posto di *Direttore delle vendite* pubblicizzato nella suddetta inserzione.

Nell'attesa di un Vs cortese riscontro Vi porgo distinti saluti.

Laura Rossi
Via Laburno 52
00199 ROMA
Tel. 06/8878546[2]

1 'Head of personnel department'.
2 Sender's address often included after the signature in personal letters and applications.

28 Job application

25 January 199-

Black's (Automotive) Ltd
18 Dawson Street
Birmingham
B24 4SU

Dear Sir

I am applying for the post of market research officer advertised in the *Guardian* on 21 January 199-.

I graduated from Chiltern University in June with an upper second class degree in European Business. The following January I was awarded the Diploma of the Chartered Institute of Marketing. On my degree course I specialized in market research and did a one-year work placement with Cox, Paton and Taylor in London.

Since leaving university I have been employed as a market research assistant in the Quantocks Tourist Agency. I am now seeking an opportunity to apply the knowledge and skills I have acquired in a larger, more market-orientated organization.

I enclose my CV and the names of two referees. I would be grateful if you would not contact my current employer without prior reference to me.

Yours faithfully

Michael Westwood

Enc.

28 Richiesta d'impiego

Spett.le Ditta AUTOMECCANICA Srl
Corso Risorgimento, 70
41014 CASTELVETRO
Modena

Castelvetro, .../...../199-

OGGETTO: Responsabile ricerca di mercato/ Inserzione sulla 'Stampa'[1] 21.9.199-

Mi permetto di presentarVi la mia domanda per il suddetto posto di responsabile di ricerca di mercato.

Nel giugno scorso ho conseguito la laurea[2] in Economia e Commercio presso l'Università di Catania con il voto di 108/110.[3] Nel mese di gennaio mi è stato conferito il diploma del Chartered Institute of Marketing britannico. Durante il mio corso di laurea mi sono specializzato nella ricerca di mercato e ho fatto uno stage[4] di un anno in Inghilterra presso la società Cox, Paton e Taylor di Londra.

Dal conseguimento del titolo di laurea ho svolto la mia attività come assistente di ricerca di mercato presso l'Ente di Turismo della Campania. Vorrei adesso utilizzare l'esperienza e la competenza acquisite svolgendo la mia attività in un'organizzazione più grande e caratterizzata da un più marcato approccio al mercato. Vi accludo il mio curriculum vitae ed i nominativi di due referenze. Vi pregherei di comunicarmi anticipatamente se desiderate contattare il mio datore di lavoro attuale.

Resto in attesa di una Vs risposta, che mi auguro positiva, e Vi porgo distinti saluti.

Michele Bosconovo

Via Abruzzi, 14
88030 MONTEFREDANE (AV)
Tel. Ab.[5] 0825/660707
Uff.[6] 0825/689452, int.[7]891

All.

1 National newspaper published in Turin.
2 University degree (5 year course), leading to the title of *dottore* (man)/*dottoressa* (woman) *in Economia e Commercio.*
3 Degree marks in Italy are determined by a board of 11 examiners during an interview with the candidate on the chosen topic of the final thesis. Each examiner can allocate up to a maximum of 10 points. For an exceptional performance they can also allocate a distinction, *lode;* for example *110/110 e lode.*
4 Italian for 'work placement' (usually undertaken by undergraduates).
The following abbreviations are used in Italian: 5 *abitazione* (home); 6 *ufficio* (office);
7 *interno* (telephone extension).

29 Curriculum vitae

Surname: Cording
First names: Donald Maurice
Date of Birth: 18 March 1959

QUALIFICATIONS: BA (Hons) Business Studies (Leeds, 1981)
                                  MBA (Warwick, 1985)

CURRENT EMPLOYMENT:
(Sept. 1988 to the present)   Marketing Manager, Cockpit Industries Ltd,
                                  8 Wendover Road, Accrington, Lancs. BB7 2RH

PREVIOUS EMPLOYMENT:
(a) Jan. 1986–Sept. 1988:   Marketing Assistant,
                                  Spurlands Ltd, 71 Misbourne Road,
                                  Northallerton, Yorks. DL5 7YL

(b) Oct. 1981–Dec. 1985:   Marketing Assistant,
                                  Tutton Enterprises Ltd, Wye House,
                                  Cores End, Wolverhampton WV6 8AE

(c) Sept. 1979–July 1980:   Sales Assistant,
                                  J V Ansell & Co., Greenaway Avenue,
                                  Leek, Staffs. ST15 4EH

29 Curriculum vitae

DATI PERSONALI

Cognome:	Cording
Nome:	Donald Maurice
Data di nascita:	18 marzo 1959

TITOLI DI STUDIO: BA (Hons) Business Studies (Università di Leeds, Inghilterra, 1981), MBA (Università di Warwick, Inghilterra, 1985)

IMPIEGO ATTUALE:
dal settembre 1988   Direttore Marketing
Cockpit Industries Ltd, 8 Wendover Road, ACCRINGTON, Lancs. BB7 2RH, Inghilterra

ESPERIENZA PROFESSIONALE
PRECEDENTE:

(a) genn. 1986–sett. 1988:   Assistente Marketing
Spurlands Ltd, 71 Misbourne Road, Northallerton, Yorks. DL5 7YL, Inghilterra

(b) ott. 1981–dic. 1985:   Assistente Marketing
Tutton Enterprises Ltd, Wye House, Cores End, Wolverhampton WV6 8AE, Inghilterra

(c) sett. 1979–luglio 1980:   Assistente Vendite
J.V. Ansell & Co., Greenaway Avenue, Leek, Staffs. ST15 4EH, Inghilterra

30 Unsolicited letter of application

Executive Agency plc
22 Ellison Place
London WC1B 1DP

Dear Sirs

I have recently returned to Britain after working in Canada and the Gulf States for the last 15 years.

During this period I spent five years in Canada as chief financial accountant of Bourges-Canada in Montreal, before moving to the Gulf. I have worked as financial director for Jenkins-Speller for the last ten years. During this period the company's number of clients and turnover have quadrupled.

My return to Britain was for family reasons and I am now seeking an appropriate position in a company that can capitalize on my expertise in financial management and strategy.

I enclose a detailed CV for your further information and look forward to hearing from you soon.

Yours faithfully

R Bennett

Enc.

30 Richiesta d'impiego con autocandidatura

Spett.le ESECAGENZIA
Ricerca & Selezione Personale
Piazza Edison, 22
00165 ROMA

ROMA, .../...../199-

OGGETTO: Richiesta d'impiego

Ho fatto recentemente rientro[1] in Italia dopo 15 anni trascorsi nel Canada e negli Stati del Golfo.

Di questi 15 anni ne ho trascorso 5 nel Canada quale ragioniere capo presso la società Bourges Canada, a Montréal, prima di trasferirmi nel Golfo. Ho prestato attività quale direttore amministrazione e finanza della Jenkins-Speller per dieci anni ed in questo periodo il numero dei clienti ed il volume d'affari dell'azienda sono stati quadruplicati.

Il mio rientro in Italia è dovuto a motivi familiari e attualmente cerco impiego presso un'azienda in cui possa essere impiegata in pieno la mia competenza nel campo della gestione e della strategia finanziaria.

Vi allego il mio curriculum vitae particolareggiato.

Con l'augurio[2] di avere[3] una Vs risposta affermativa Vi porgo distinti saluti.

R. Bennato
Via Santa Margherita, 26
00120 Roma
Tel. 06 837 38 89

All.

The following alternatives may be used:
1 *Sono recentemente rientrato*; 2 *Mi auguro*; 3 *ricevere*.

31 Interview invitation

Ms F Jones
23 Park View
Colchester
Essex CO4 3RN

Dear Ms Jones

Ref. PS/2021: Personnel assistant

Interviews for the above position will take place on Friday, 22 February 199-, beginning at 10 a.m.

We expect to conclude the interviews after lunch, at approximately 2.30 p.m.

Please confirm whether you will be able to attend the interview.

Yours sincerely

Mr C Smith
Personnel Officer

31 Invito a colloquio

Gent.ma[1] Sig.a[2] Angela Negri
Via Alcione, 16
35120 PADOVA

Padova, lì 10 febbraio, 199-

OGGETTO <u>PS/2021: Assistente Ufficio Personale</u>

I colloqui per la suddetta posizione avranno luogo venerdì, 22 febbraio 199-, a partire[3] dalle ore 10.

La conclusione dei colloqui è prevista nel primo pomeriggio, verso le 14,30.

La preghiamo di confermare la Sua partecipazione al colloquio.

Distinti saluti

<u>VIAMIT Srl</u>
Direttore Ufficio Personale
Dott. Paolo Bruno

1 Abbreviation for *Gentilissima*.
2 Abbreviation for *Signora* or *Signorina*; equivalent of Ms.
3 Alternative: *cominciando*.

32 Favourable reply to job application

Mrs L Flint
7 Fisherman's Way
Okehampton
Devon EX12 0YX

Dear Mrs Flint

I am writing to offer you formally the position of personal assistant to the operations director at Farnbury.

As discussed at the interview the normal working hours are 8.30 a.m.–5 p.m., Monday to Friday, although the position requires a flexible approach and on occasions you will be expected to work outside these times. The annual salary is £18,000.

You will receive further details if you accept the position.

Please confirm in writing by first post, Monday 3 April at the latest, whether you accept the offer of the position.

Yours sincerely

32 Risposta affermativa a richiesta d'impiego

Gent.ma Sig.a Gianna Pietra
Via Pescatori, 7
84100 SALERNO

DONGEN, ...

Gentile Sig.a Pietra

OGGETTO: OFFERTA INCARICO[1] ASSISTENTE PERSONALE

Con la presente[2] Le offriamo ufficialmente il posto di assistente personale al Direttore Operazioni a Farneti.

Come discusso nel corso del[3] ns colloquio, la giornata lavorativa normale ha inizio alle ore 8,30 e si conclude alle 17, dal lunedì al venerdì incluso. La posizione richiede un approccio flessibile e comporta occasionalmente la prestazione lavorativa in ore non incluse nelle suddette.[4] La retribuzione annua lorda è di 40 milioni di Lire.

Ulteriori informazioni seguiranno la Sua accettazione dell'incarico.

La preghiamo pertanto[5] di confermare per iscritto a strettissimo giro di posta, entro e non oltre, lunedì, 3 aprile prossimo la Sua accettazione della ns offerta di lavoro.

Distintamente

MONTIV BV

1 Alternative: *nomina.*
2 *Comunicazione* or *lettera* is understood.
3 Alternative to *nel corso del*: *durante il.*
4 *Ore di lavoro* is understood.
5 Alternatives: *perciò, quindi.*

33 Unfavourable reply to job application

Mr R Smith
15 Adams Way
Reading
Berks
RG23 6WD

Dear Mr Smith

RE: POSITION AS SALES DIRECTOR

I am writing to inform you that your application was unsuccessful on this occasion.

I thank you for your interest in our company and wish you every success with your career.

Yours sincerely

33 Risposta non favorevole alla domanda d'impiego

Egr. Sig. Enrico Scruti
Via Carso, 110
34100 TRIESTE

Dongen, ...

Egregio Signor Scruti

OGGETTO: RIF. 39/99 DIRETTORE COMMERCIALE

Siamo dolenti[1] doverLe comunicare che non possiamo prendere in considerazione la Sua offerta di servizio.

La ringraziamo del Suo interesse nella ns società e Le auguriamo successo nella Sua attività futura.

Distinti saluti

MONTIV BV

1 Alternative: *spiacenti*.

34 Requesting a reference for an applicant

2 February 199-

Your ref. AS/
Our ref. FG/JL

The Manager
First Class Bank
1–6, King's Square
BURY

Dear Mr Swift

RE: MISS STEPHANIE BOSSOM

This branch of the Safety First has recently received an application for employment as an accounts clerk from Ms Stephanie Bossom, who has quoted your name as a referee to whom we might address ourselves in the event of our wishing to interview her.

I believe that Ms Bossom has been working in your bank for several years and that her desire to change employment is prompted largely by her intention to marry and settle in this area. From her application it would seem that she would be a valuable asset to us; therefore we should be most grateful if you could confirm our impression in writing (by fax if possible) as soon as is convenient.

Please feel free to comment on any aspect of Ms Bossom's work that you deem to be of likely interest to us.

I thank you in advance for your cooperation.

Yours sincerely

Frank Graham
Branch Manager

34 Richiesta di attestato di datore di lavoro precedente

Spett.le BANCA NAZIONALE APPENNINA
Succ.[1] Piazza della Repubblica, 10
66100 CHIETI

Vs rif: AS/
Ns rif: FG/JL

L'Aquila, .../...../.....

CA: DOTTOR ANDREA VELOCI

OGGETTO: Stefania Bosso

La suddetta Stefania Bosso ha recentemente presentato domanda d'impiego presso questa filiale della Primassicura Spa ed ha fornito il nome della Vs azienda quale precedente datore di lavoro disposto a rilasciarci un attestato prima del colloquio preliminare.

Ci risulta che Stefania Bosso sia impiegata nella Vs banca da diversi anni e che il suo desiderio di cambiare impiego sia motivato in gran parte dal suo imminente matrimonio e trasferimento in questa zona. Dalla domanda presentataci sono evidenti per la ns azienda i vantaggi potenziali dell'assunzione della suddetta candidata. Saremmo lieti di ricevere Vs pronta conferma scritta a questo proposito (possibilmente tramite fax).

Vi preghiamo di comunicarci eventuali commenti su tutti gli aspetti dell'attività della candidata da Voi ritenuti degni di nota.

Vi ringraziamo anticipatamente della Vs cortese collaborazione e Vi porgiamo distinti saluti.

PRIMASSICURA Spa
Direttore Filiale L'Aquila
Dott. Franco Grezzi

1 Abbreviation for *succursale* (branch).

35 Providing a positive reference for an employee

4 February 199-

Your ref. FG/JL
Our ref. AS/MN

Mr F Graham
Safety First Assurance plc
12, Bright Street
Lancaster

Dear Mr Graham

MS STEPHANIE BOSSOM

I hasten to reply to your request for a reference for the above candidate. Please accept my apologies for not being able to fax my reply, but at present we are experiencing problems with the machine.

Yes, Stephanie has been an ideal employee who started with us as an office junior straight from school and has been promoted on several occasions in recognition of her work. I understand her reasons for wishing to leave and would very soon have been promoting her myself if she were staying with us.

You will see from her application that she has sat and passed a number of professional examinations over the last two years. In that time she has taken responsibility for supervising the progress of trainees and has been involved in new initiatives relating to our office systems.

You will find Stephanie a pleasant, willing and talented person who can be relied upon in the carrying out of her professional duties to the best of her ability at all times.

I hope you will be able to offer her the post, which you imply is likely in your initial letter.

Yours sincerely

Alan Swift
(Manager, Town Centre Branch)

35 Referenza positiva fornita da precedente datore di lavoro

Spettabile Ditta PRIMASSICURA SpA
Via Luce, 12
67100 L'AQUILA

ALLA CORTESE ATTENZIONE DEL DOTT. GREZZI

Chieti, 28 settembre 199-

OGGETTO: Stefania Bosso

In risposta alla Vs richiesta di attestato per la suddetta candidata. Vi preghiamo di scusare la mancata trasmissione della presente[1] tramite fax dovuta al guasto temporaneo del ns apparecchio.

Consideriamo la candidata in oggetto un'impiegata ideale; iniziò la sua attività presso la ns azienda al termine del corso di studi della scuola superiore[2] ed è stata promossa più volte per merito. Siamo consapevoli e comprendiamo i motivi dell'imminente[3] trasferimento di Stefania Bosso, che sarebbe presto promossa nuovamente se continuasse la sua attività presso questa sede.

Constaterete dalla domanda presentataVi che la candidata in oggetto ha sostenuto con successo diversi esami professionali nel corso degli ultimi due anni, e che, durante questo periodo, ha anche assunto la responsabilità del controllo delle attività dei tirocinanti ed ha partecipato a nuove iniziative nei ns sistemi d'ufficio.

Troverete Stefania Bosso simpatica, disponibile, ricca di talento, affidabile e abilissima nello svolgere la sua attività professionale.

Speriamo possiate assumerla come annunciato nella Vs lettera iniziale.

Lieti di poterVi essere utili Vi porgiamo distinti saluti.

BANCA NAZIONALE APPENNINA
Il Direttore

1 *Comunicazione* is understood.
2 Equivalent to secondary/high school; the candidate has taken the *maturità* exams, equivalent to 'A' levels.
3 Alternative: *del prossimo*.

36 Acceptance letter

Melton's Motor Factors Ltd
63 Station Road
Thirsk
N. Yorkshire
YO9 4YN

Dear Sir

Thank you for your letter of 17 July offering me the post of parts manager.

I am delighted to accept your offer.

Yours sincerely

Andrew Camp

36 Accettazione di impiego

Spett.le Ditta
AUTOMOBILI MELTONE S.p.A.
Concessionari Esclusivisti Auto
Direzione Commerciale
Via Stazione Vecchia, 63
30012 BURANO (VE)

Arzano, .../. . . . ./199-

<u>ALLA CORTESE ATTENZIONE DEL DIRETTORE UFFICIO PERSONALE</u>

<u>OFFERTA D'IMPIEGO – ALESSANDRO BARRALE</u>

In riscontro[1] alla Vs del 17 luglio u.s. con cui mi comunicate la mia assunzione quale manager responsabile parti di ricambio.[2]

Sono molto lieto di accettare la Vs offerta di impiego.

Con distinti saluti

Alessandro Barrale
Via Guido Cavalcanti, 88
80022 ARZANO (Na)
Tel. 081 7315190

1 Alternative: *risposta*.
2 Alternative to *parti di ricambio*: *ricambi, pezzi di ricambio*.

37 Contract of employment

Dear

Following recent discussions we are pleased to offer you employment at our Company as Area Manager on the following terms and conditions:-

Remuneration
Your salary will be £15,000 per annum plus commission on the basis we have already discussed with you. As with all our staff your salary will be paid monthly on the last Thursday in each month, your first review being in July 199-.

Notice
As with all our staff, you will be employed for an initial trial period of six months, during which time either you or we may terminate your appointment at any time upon giving seven days' notice in writing to the other. Provided that we are satisfied with your performance during the trial period, we will thereafter immediately confirm your appointment as a permanent member of our staff and the seven days' period of notice referred to above will be increased to one month.

Sickness Pay
During any reasonable absence for illness the Company, at its discretion, will make up the amount of your National Insurance Benefit to the equivalent of your normal salary, although this will be essentially relative to your length of service.

Holidays
Your normal paid holiday entitlement will be 20 working days in a full year, the holiday year running from 1 January to 31 December.

Car
We will provide you with a suitable Company car (cost circa £14,000), which is to be mainly for your business use but also for your private use. The Company will meet all normal running expenses associated with the car such as road tax, insurance, repairs, servicing and petrol.

Pensions
The Company operates a Pension Plan. You can either decide to join the Company Scheme after six months' service at the Scheme's next anniversary date (July 199-), or alternatively choose a Personal Pension Plan to which the Company would contribute.

37   Contratto di lavoro

Gent.mo[1] .....
....
....

.........., 199-

CONTRATTO DI LAVORO

Seguendo le recenti comunicazioni intercorse siamo lieti di offrirLe l'incarico di Manager di zona presso la ns società in conformità delle seguenti condizioni:

Retribuzione
La retribuzione annua ammonterà a L. 30.000.000 esclusivi di provvigione calcolata secondo le norme precedentemente discusse. Come a tutti gli altri dipendenti dell'azienda lo stipendio Le sarà corrisposto con scadenza mensile, l'ultimo giovedì di ciascun mese. La retribuzione annua sarà riesaminata per la prima volta nel luglio 199-.

Risoluzione del contratto di lavoro
Come regola generale applicata a tutti i dipendenti dell'azienda, l'impiego prevede un periodo iniziale di prova di sei mesi, durante il quale Lei o la Società potrà terminare il contratto in qualsiasi momento, purché con preavviso relativo scritto di sette giorni. In caso di prestazione soddisfacente da parte Sua durante il suddetto periodo di prova, la Società confermerà il Suo incarico a tempo indeterminato e, invece del summenzionato periodo di sette giorni, sarà applicato il periodo di trenta giorni per la risoluzione del contratto.

Indennità di malattia
Se sarà costretto ad assentarsi dal lavoro a causa di malattia la Società avrà il potere discrezionale di versarLe la differenza fra l'indennità previdenziale di malattia e la retribuzione mensile normalmente corrispostaLe, ad un livello fondamentalmente dipendente dalla Sua anzianità di servizio.

Ferie
Avrà diritto a 20 giorni lavorativi annuali retribuiti di ferie, nel periodo compreso fra il 1° gennaio ed il 31 dicembre.

Autovettura
La Società metterà a Sua disposizione un'autovettura di proprietà dell'azienda (valore di circa L. 28.000.000), intesa per uso commerciale oltre che privato. La Società sarà responsabile di tutte le spese correnti concernenti la vettura, quali bollo di circolazione, assicurazione, riparazioni, manutenzione e carburante.

Trattamento pensionistico
La Società gestisce un piano pensionistico aziendale e quale dipendente Lei potrà iscriversi a questo piano dopo sei mesi di servizio, alla prossima data di scadenza del piano nel luglio 199-, o alternativamente potrà iscriversi ad un piano pensionistico personale a cui l'azienda contribuisce.

Hours

Normal office hours are from 9.00 a.m. to 5.15 p.m. from Monday to Friday with one hour for lunch. However, it is probable that additional calls will be made upon your time.

Grievance and Disciplinary Procedure

Should you wish to seek redress for any grievance relating to your employment, you should refer, as appropriate, either to the Company Secretary or to the Managing Director. Matters involving discipline will be dealt with by the Management in as fair and equitable a manner as possible.

Health & Safety at Work Act

A copy of the Staff Notice issued under the Health & Safety at Work etc. Act 1974 will be given to you on the first day of your employment. Your acceptance of the appointment will be deemed to constitute your willingness to comply with these regulations.

Start Date

The date on which your employment by the Company is to commence remains to be agreed and we look forward to establishing a mutually acceptable date as soon as possible.

Will you kindly provide us with your acceptance of this offer of employment by signing and returning to us the enclosed duplicate copy of this letter.

We trust that you will have a long, happy and successful association with our Company.

Yours sincerely

B. Foster
Managing Director

Enc.

Orario di lavoro

Normale orario d'ufficio dalle ore 9 alle ore 17,15, dal lunedì al venerdì incluso, con una sosta di un'ora per il pranzo. È prevista in certi casi la prestazione in ore non incluse nel suddetto orario.

Procedura di reclamo e di disciplina

Gli eventuali reclami relativi al Suo impiego dovranno essere presentati a seconda dei casi, al Segretario Amministrativo o all'Amministratore Delegato della Società. Le eventuali controversie disciplinari saranno considerate con la massima imparzialità dagli amministratori.

Normative antinfortunistiche

All'inizio della Sua attività presso questa società riceverà una copia della notifica al personale delle Normative antinfortunistiche a norma di legge. Accettando ufficialmente l'impiego offertoLe sottoscriverà legalmente la Sua adesione alle normative antinfortunistiche vigenti.

Decorrenza del contratto

La data d'inizio del contratto di lavoro resta ancora da stabilirsi ed una data reciprocamente accettabile sarà concordata al più presto possibile.

Per confermare la Sua accettazione della ns offerta La preghiamo di farci pervenire la copia allegata della presente debitamente firmata.

Con l'augurio di una lunga e propizia collaborazione ricca di successo con la ns società Le porgiamo distinti saluti.

AMMINISTRATORE DELEGATO
Bruno Fossero

All.

1 *Gent.mo* for a man, *Gent.ma* for a woman.

38 Enquiring about regulations for purchase of property abroad (memo)

LUJIPROP SA

<u>Internal memorandum</u>

From: Terry Baddison (Customer Services)
To: Guillermo Estuardos (Legal Department)

Date: 9 September 199-

Message: I urgently need some information on current rules and regulations concerning the purchase and renting of property in Spain. We have some clients interested in the new complex at Carboneras, but there seems to be doubt over whether they can sublet part of the premises without paying local tax on the rental.

P.S. I'm in the office every afternoon this week.

Terry

38 Richiesta di informazioni sulle regole relative all'acquisto di beni immobili all'estero (comunicazione di servizio)

LUJIPROP SA

Comunicazione di servizio

Da: Dott. Nicola Gabibbo (Assistenza clienti)

A: Avv.[1] Guido Stuardi (Rep.[2] Legale)

Data: 9 settembre 199-

Comunicazione

Abbiamo urgente bisogno di[3] dati sulle regole e normative vigenti sull'acquisto e sull'affitto di beni immobili in Spagna. Abbiamo alcuni clienti a cui interessa il nuovo complesso di Carboneras, ma abbiamo dubbi sulla possibilità di concessione in subaffitto di parte dei locali senza essere passibili di imposte locali sui contratti di locazione.

P.S. Sarò in ufficio ogni pomeriggio questa settimana.

Gabibbo

1 Abbreviation for *avvocato* (lawyer/solicitor).
2 Abbreviation for *reparto* (department).
3 Alternative: *Ci occorrono urgentemente*.

39 Advising of delay in delivery (telex)

TELEX:	Expofrut (Almería, Spain) to Henshaw Bros. (Wolverhampton, England)
Subject:	Delay in delivery
Sender:	Pablo López
Addressee:	Mary Henshaw
Date:	1 May 199-

Message: APOLOGIES FOR FAILING TO DELIVER USUAL ORDER THIS WEEK.

DOCKS STRIKE CALLED FROM TODAY THROUGHOUT SPAIN.

YOUR CONSIGNMENT OF FRUIT AND VEGETABLES ON QUAYSIDE. STILL POSSIBLE TO SEND GOODS BY ROAD, BUT COULD NOT GUARANTEE DELIVERY BY WEEKEND.

INFORM BY TELEPHONE (00 3451 947583) THIS P.M. IF TO PROCEED WITH ORDER BY ROAD.

REGARDS

Pablo López
(Export Manager)

39 Avviso di ritardo di consegna (telex)[1]

TELEX:	Expofrutta (Bari, Italia) alla Pučko-Import (Lubiana, Slovenia)
OGGETTO:	Ritardo della consegna
DA:	Paolo Dell'Anna
A:	Dott. Zarjan
DATA:	1° maggio 199-
COMUNICAZIONE:	CI SCUSIAMO PER LA MANCATA CONSEGNA DELLA MERCE QUESTA SETTIMANA.
	SCIOPERO DEI PORTUALI INDETTO DA OGGI IN TUTTA ITALIA.
	VS PARTITA DI FRUTTA E VERDURA FERMA IN BANCHINA.
	TUTTORA POSSIBILE EFFETTUARE SPEDIZIONE VIA STRADA, MA IMPOSSIBILE GARANTIRE CONSEGNA ENTRO FINE SETTIMANA.
	VOGLIATE COMUNICARCI PER TELEFONO (003980 947583) QUESTO POMERIGGIO SE POSSIAMO PROCEDERE CON LA SPEDIZIONE VIA STRADA.
	DISTINTAMENTE
	PAOLO DELL'ANNA RESPONSABILE UFFICIO VENDITE ESTERE

1   Telegram style is usual for telexes.

40 Seeking clarification of financial position (fax)

To: Accounts Section, MULTIBANK,
Prince's Square, Crewe

From: John Turket, PERLOANS
High Street, Tamworth

Date: 4 November 199-
No. of pages, including this: 2

Dear Sir

This company has been approached today by a Mr Peter Andrews, who wishes to secure a loan in order to finance a family visit to relatives living overseas. He has given his approval to my contacting your branch of Multibank, where he holds two accounts, in order to verify and clarify information he has proffered about his financial position.

Once you have satisfied yourselves that Mr Andrews is willing that you divulge facts about his finances, can you please provide the following information?

1 Has Mr Andrews incurred major overdrafts since 1990?

2 Do both Mr Andrews and his wife have salary cheques paid directly each month into their current account?

3 Does your bank have any reason to believe that Mr Andrews will not be able to repay a £3,000 loan to Perloans over 3 years from July 199-?

We hope you feel able to respond to our request, and thank you for your assistance in this matter.

Yours faithfully

John Turket
Loans Manager

40 Richiesta di chiarimento concernente la situazione finanziaria (fax)

CA: Reparto Contabilità, MULTIBANCA,
Piazzale Visconti 8, 41100 MODENA

DA: Giorgio Turchetti

Data: 4 novembre 199-
N. pagg.[1] **inclusa la presente:** 2

OGGETTO: Pietro Altobelli

Abbiamo ricevuto oggi la richiesta di un prestito per finanziare una visita familiare a parenti residenti all'estero dal suddetto sig. Pietro Altobelli, il quale ci ha autorizzato a contattare la Vs filiale della MULTIBANCA dove è titolare di due conti, allo scopo di verificare e chiarire ulteriormente le informazioni forniteci circa la sua situazione finanziaria attuale.

Quando avrete accertato il consenso fornito dal sig. Altobelli circa la comunicazione ai ns uffici delle informazioni concernenti la sua situazione finanziaria, Vi preghiamo di fornirci i seguenti dati:

1 Dal 1990 sono stati concessi al sig. Altobelli crediti allo scoperto di una certa entità?

2 Gli stipendi percepiti mensilmente dal sig. Altobelli e dalla consorte vengono[2] trasferiti direttamente nei conti correnti di cui sono titolari?

3 Secondo i dati a Vs disposizione esistono dei motivi per cui il sig. Altobelli non dovrebbe essere in grado di ripagare un prestito di L. 8.000.000 alla FAMFINANZIARIA entro 3 anni, con decorrenza dal luglio 199-?

Restiamo in attesa del Vs cortese riscontro e Vi ringraziamo anticipatamente della Vs collaborazione.

Gradite distinti saluti.

FAMFINANZIARIA
Direttore Ufficio Prestiti
Dott. Giorgio Turchetti

1 Abbreviation for *pagine* (pages).
2 Alternative: *sono*.

41 Reporting to client on availability of particular property (fax)

To: Ms L Topcopy
        Trendset Printers

From: Mrs D Russell
        Smith & Jones

Date: 6 September 199-

No. of pages, including this: 1

Re: Office for lease

Dear Ms Topcopy

I am faxing you urgently to let you know that office premises have just become available in the area of town you said you liked. The lease on a street-front shop with upstairs office has been cancelled early by another client who is moving south. If you would like to see the property, please get back to us this afternoon and we will arrange a visit.

Best wishes

Dorothy Russell

41 Informazioni inviate ad un cliente sulla disponibilità di una specifica proprietà immobiliare (fax)

DEST.:[1] Sig.a Laura Rossi
         TIPOGRAFIA TREND ROSSI LAURA & F.GLI[2]
N. FAX: 0833 666038
MITT:[3] Daria Genzi
Data: 6 novembre 199-

N. pagine inclusa la presente: 1

OGGETTO: Uffici in locazione

Le inviamo questo fax urgente per comunicarLe la disponibilità di locali adibiti ad uso ufficio nella parte della città da Lei prescelta. Il contratto di locazione di un locale adibito a negozio con vetrina sulla strada e uffici al 1° piano è stato rescisso[4] in anticipo da un altro ns cliente che ha deciso di trasferirsi al Sud. Se desidera prendere in visione i summenzionati locali La preghiamo di contattarci questo pomeriggio e provvederemo ad organizzare una visita.

Con distinti saluti

SCALIA & GUTTOSA
Rag.[5] Daria Genzi

The following abbreviations are used:
1 *destinatario* (addressee); 2 *figli* (sons and daughters); 3 *mittente* (sender).
4 Alternative: *annullato*.
5 Abbreviation for *ragioniere, ragioniera* (accountancy school 'A' level diploma holder).

42 Complaining about customs delay (fax)

To: HM Customs and Excise
                London

From: Ordenasa, Madrid

Date: 21/2/9-
No. of pages: 1

Dear Sirs

On behalf of my director colleagues of this computer software business I wish to lodge a complaint about customs clearance at British airports.

On several occasions since October 199- materials freighted from Madrid to retailers in Great Britain have been subject to unexplained and unjustifiable delays. This company depends for success on its ability to respond quickly to market demand; furthermore, at all times the requisite export licences have been in order.

This communication by fax is prompted by the latest and most frustrating hold-up, at Gatwick Airport yesterday, which has allowed a market competitor to secure a valuable contract ahead of us.

If the Single Market is to function effectively this is precisely the type of situation that must be avoided. We intend to contact the relevant Chamber of Commerce, but in the meantime we insist on an explanation from your officers of why consignment AT/463 was not permitted immediate entry on 20 February 199-.

Yours faithfully

Dr. Norberto Mateos
(Managing Director)

42 Reclamo per ritardo doganale (fax)

A: HM Customs and Excise
         Londra, Gran Bretagna
N. Fax: 0044 71 7048778
DA: SOFTWARE INFORMATICA S.n.c. Messina

Data: 21.2.199-

N. pagine inclusa la presente: 1

OGGETTO: Ritardi doganali

Per conto degli amministratori della SOFTWARE INFORMATICA S.n.c.
presentiamo un reclamo ufficiale sulle procedure di sdoganamento adottate
negli aeroporti britannici.

In svariate[1] occasioni dall'ottobre del 199- merci spedite da Messina a rivenditori
in Gran Bretagna sono state soggette ad inspiegabili ed ingiustificabili ritardi. Il
successo della ns società dipende dalla capacità di rispondere con celerità[2] alle
domande del mercato. Sottolineiamo anche che le ns licenze d'esportazione sono
state sempre presentate in regola.

Vi inviamo la presente per fax per comunicarVi le ns recriminazioni sul più
recente e più frustrante ritardo, verificatosi ieri all'aeroporto londinese di
Gatwick, ritardo che ha consentito ad una società ns concorrente di aggiudicarsi
un validissimo contratto invece della ns azienda.

Perché il Mercato Unico funzioni in modo efficace, questo tipo di incidente deve
essere assolutamente evitato. Abbiamo intenzione di contattare la pertinente
Camera di Commercio, ma nel frattempo richiediamo ai Vs funzionari una
spiegazione sulla mancata concessione[3] di bolla d'entrata alla ns partita AT/463, il
20 febbraio 199-.

In attesa di un Vs cenno Vi porgiamo i ns più distinti saluti.

SOFTWARE INFORMATICA S.n.c.
Dott. Norberto Matteo
(L'Amministratore Delegato)

The following alternatives may be used:
1 *numerose*; 2 *rapidità*; 3 *sul mancato rilascio.*

43　Stating delivery conditions

1 August 199-

Your Reference: AD/LR
Our Reference: TH/PA

Sr José Escalante
Managing Director
Escalante e Hijos
Avenida del Sol
San Sebastián
SPAIN

Dear Mr Escalante

Thank you for your fax communication of yesterday regarding the delivery of the chickens and other poultry ordered by you from this company in early July. As we indicated in our original quote to Mr Salas, who first contacted us, the delivery can only be guaranteed if your bank is able to confirm that debts owed to us will be cleared this week.

Please note that our drivers would much appreciate assistance with overnight accommodation and that any costs they incur should be charged directly to Bridge Farm on completion of the delivery next week.

We look forward to hearing from you on both matters.

Yours sincerely

Tom Holbrook
Transport Manager

43 Dichiarazione delle condizioni di consegna (Lettera)

Vs rif: AD/LR
Ns rif: TR/PA

Spett.le Ditta ESCALANTE Y HIJOS
Avenida del Sol
SAN SEBASTIÁN
Spagna

ALLA CORTESE ATTENZIONE DEL SR. JOSÉ ESCALANTE
AMMINISTRATORE DELEGATO

Guastalla, li . . . ., 199-

OGGETTO: CONSEGNA DI POLLAME

Facciamo seguito alla Vs gradita comunicazione inviataci tramite fax concernente la consegna del pollame e di altre carni avicunicole ordinatici all'inizio del mese di luglio. Come indicato nel ns preventivo originale inviato al sig. Salas, con cui avvenne il ns contatto iniziale, la consegna può essere garantita solo[1] se la Vs banca può confermare che le somme dovuteci saranno versate entro questa settimana.

Vi preghiamo di assistere i ns autisti nella ricerca della sistemazione in albergo per il pernottamento e di addebitare tutte le eventuali spese direttamente alla società I POLLAI al completamento della consegna della merce la settimana prossima.

In attesa del Vs cortese riscontro su entrambi[2] i suddetti punti Vi porgiamo distinti saluti.

I POLLAI®
Incaricato Ufficio Trasporti
Tommaso Rivoli

1 Alternative: *soltanto*.
2 Alternative: *ambedue*.

44 Confirming time/place of delivery

12 June 199-

Your Reference: RCG/LP
Our Reference: FG/JD

Dr Rosa Castro Giménez
Subdirectora
Departamento de Relaciones Exteriores
Ministerio de Industria
Quito
ECUADOR

Dear Madam

Further to our communication of 9 May in which we outlined to your department the likely oil needs of the companies we represent, it is with some concern that we have heard indirectly that your Ministry may be unable to fulfil its immediate responsibilities. We would be most obliged to hear, at your earliest convenience, that the draft agreement signed recently by our representatives remains valid.

In spite of our concern we are fully committed to the trading relations discussed and as such wish to confirm details of first delivery of manufactured goods being exchanged for the above-mentioned oil imports. Carlton Excavators plc have confirmed this week that the consignment of earthmovers, tractors and diggers bound for Constructores Velasco was loaded on Monday of this week. It should reach the port of Guayaquil by the end of the month. We will, of course, provide you with more precise details nearer the time.

Meanwhile, please accept our best wishes for the continuation of our collaborative venture as we await your confirmation regarding the deliveries of your oil to our terminal.

Yours faithfully

Frank Gardner
SENIOR PARTNER

44 Conferma di data/luogo di consegna

Vs Rif: RCG/LP
Ns Rif: FG/TD

Spett.le DEPARTMENTO DE RELACIONES EXTERIORES
MINISTERIO DE INDUSTRIA
QUITO
Ecuador

ALLA CORTESE ATTENZIONE DELLA DOTT.SSA[1] CASTRO GIMÉNEZ

ROMA, li . . . ., 199-

OGGETTO: ACCORDO COMMERCIALE

Facciamo seguito alla ns comunicazione del 9 maggio u.s. in cui indicammo al Vs reparto il potenziale fabbisogno di petrolio delle aziende che rappresentiamo. Abbiamo appreso indirettamente, e questo è per noi fonte di preoccupazione, la possibile difficoltà in cui si trova il Vs Ministero nell'adempimento delle proprie responsabilità. Vorremmo ricevere con la massima sollecitudine la Vs conferma della validità dell'accordo preliminare recentemente firmato dai ns rappresentanti.

Nonostante la ns preoccupazione intendiamo mantenere il ns impegno alle relazioni commerciali discusse e vorremmo pertanto confermare le specifiche della prima consegna di manufatti scambiati per le importazioni di petrolio di cui sopra. La Scavatrici Carli SA ha confermato questa settimana l'avvenuta partenza, questo lunedì, di macchine movimento terra, trattori e scavatrici destinati alla Constructores Velasco. L'arrivo della merce al porto di Guayaquil è previsto per la fine del mese. Informazioni più precise a proposito Vi saranno inviate più avanti.

Nel frattempo gradite i ns migliori auguri per la continuazione della ns collaborazione. Vi preghiamo inoltre di confermare la consegna del Vs petrolio e Vi porgiamo

Distinti saluti

CENTRO COMMERCIO ESTERO
Franco Giardini

1 Abbreviation for *Dottoressa* (female university graduate).

45 Checking on mode of transportation

19 February 199-

Your ref. SM/MB
Our ref. TS/PU

Mr Sebastián Morán
Sales Manager
Hermanos García SA
Carretera Luis Vargas, 24
CUENCA
Spain

Dear Mr Morán

Thank you for your letter sent on Tuesday last in which you refer to the kitchen equipment we ordered from García Brothers in December. As you know, our market has been rather depressed, but there are recent signs of improvement, and as a result we now need to receive the cupboard doors and worktops ordered from you.

Can you please confirm that where necessary you would be able to deliver some items by road, or even by air if very urgent, rather than by the sea route you currently use?

We have checked that from Valencia it would be possible to airfreight at a reasonable price to East Midlands Airport on a Monday afternoon and a Thursday evening.

I would be grateful if you could send us a reply once you have been able to ascertain whether our proposal is viable.

Yours sincerely

Trevor Sharp
Warehouse Manager

45 Verifica del tipo di trasporto

Spett.le Ditta Hermanos García SA
Carretera Luis Vargas, 24
CUENCA
Spagna

CA: Sig. Sebastián Morán, Direttore Commerciale

Vs rif: SM/MB
Ns rif: TS/PU

19/6/199-

OGGETTO: Spedizione apparecchiature cucina

In esito[1] alla gradita Vs[2] inviataci martedì ultimo scorso relativamente alle apparecchiature per cucina ordinate dalla Fratelli García nel dicembre scorso. Come sapete, da tempo il mercato è alquanto depresso, ma emergono alcuni segni di miglioramento, e di conseguenza abbiamo urgente bisogno delle ante e dei piani di lavoro ordinatiVi.

Vi preghiamo di confermare che potrete spedirci alcuni articoli con trasporto stradale, o addirittura aereo, data l'estrema urgenza, invece del consueto trasporto marittimo da Voi utilizzato.

Ci risulta che da Valencia all'aeroporto di Bologna la spedizione potrebbe essere effettuata in aereo a prezzi ragionevoli il lunedì pomeriggio e il giovedì sera.

Vi preghiamo di farci pervenire la Vs risposta appena avrete stabilito l'attuabilità della ns proposta.

Gradite distinti saluti

CUCINE RINALDI S.p.A.
Responsabile Magazzino
Tullio Sarpi

1 Alternative: *risposta*.
2 *Lettera* is understood.

46 Claiming for transportation damage

24 January 199-

Claims Department
Lifeguard Assurance plc
Safeside House
High Street
Bromsgove
Worcs.

Dear Sir/Madam

POLICY NO. AL 78/2139B

My letter concerns a claim I wish to make on behalf of this firm, Anchor Lighting. We have had a policy with your company for many years, and rarely have needed to call upon your services. This time, however, we have to inform you that we have suffered a serious financial loss due to damage incurred during the transit of goods.

Last week a whole consignment of lamps and other fittings was lost when our delivery truck ran off the road and turned over. The retail value of the merchandise ruined was in the region of £7,000, a sum equivalent to an entire quarter's profit.

I would be most grateful if you could send at your earliest convenience a major claim form and some general information on your settlement procedures.

I look forward to hearing from you soon.

Yours sincerely

Brian Tomkinson
(Proprietor)

46 Denuncia di danni

Spett.le Società
ASSICURAZIONE SALVAGUARDIA SpA
Via Principale, 73
35131 PADOVA

Pescara, .../...../199-

ALLA CORTESE ATTENZIONE DEL REPARTO INDENNIZZI

OGGETTO: POLIZZA n. IA 78/2139B

Con la presente Vi rimettiamo una domanda d'indennizzo a nome della società
Ancora S.r.l. Abbiamo la suddetta polizza assicurativa con la Vs società da vari
anni e solo in rare occasioni abbiamo presentato richieste di risarcimento. Ci
rincresce comunicarVi che abbiamo subito una grave perdita finanziaria a causa
di danni durante il trasporto di una partita di merce.

La settimana scorsa un'intera consegna di lampade e fissaggi è stata distrutta a
causa di un incidente stradale in cui è stato coinvolto il ns furgone. Il valore della
merce irreparabilmente danneggiata ammonta a circa 14 milioni di Lire, somma
equivalente al ns profitto di un intero trimestre.

Vi preghiamo di inviarci con la massima sollecitudine[1] il pertinente modulo di
richiesta di indennizzo ed informazioni generali sulle Vs procedure relative.

In attesa del Vs pronto riscontro porgiamo distinti saluti.

ANCORA S.r.l.
IL TITOLARE
Bruno Tomino

1 Alternative: *al più presto, quanto prima.*

47 Enquiring about customs clearance

5 November 199-

Your ref.
Our ref. TC/LJ

The Customs and Excise Branch
Chilean Trade Ministry
SANTIAGO
Chile
South America

Dear Sirs

I have been advised to write to you directly by the Commercial Section of the Chilean Embassy in London. My company produces high-tech toys for the world market; at a recent trade fair in Barcelona several Chilean retailers expressed interest in importing our products, but were unable to provide information on customs formalities in your country. Similarly, the London Embassy has recommended that I consult your Branch to seek up-to-date information.

The situation is as follows: our products include computer games, remote-control toy cars, mini-sized televisions etc. It seems that goods made in the EC are subject to a customs process rather more restrictive than those from Japan or the USA. As my company is a wholly-owned subsidiary of a US parent firm, would it be easier and cheaper to export to Chile from the USA rather than from Britain?

My intention is not merely to circumvent regulations but to optimize our operations at a time when such matters as customs clearance can result in costly delays.

I thank you for your attention and look forward to an early reply.

Yours sincerely,

Thomas Carty
MANAGING DIRECTOR

47 Domanda d'informazioni sul disbrigo delle pratiche di sdoganamento

Spett.le MINISTERO CILENO DEL COMMERCIO
SANTIAGO
Cile
Sud-America

CA: Direttore Ufficio Dazi e Dogane[1]

Vs Rif:
Ns Rif: TC/LJ

Lecce, 5.11.199-

OGGETTO: PRATICHE DI SDOGANAMENTO MERCI IMPORTATE

Il Dipartimento Commerciale dell'Ambasciata Cilena di Roma ci ha consigliato di rivolgerci al Vs ufficio per richiedere informazioni aggiornate sulle pratiche in oggetto. La ns società produce giocattoli high-tech destinati al mercato mondiale; nel corso di una mostra commerciale tenutasi recentemente a Barcellona numerosi dettaglianti cileni hanno mostrato interesse nell'importazione dei ns prodotti, ma non hanno potuto fornirci dati sulle pratiche di sdoganamento vigenti nel Vs paese.

I ns prodotti comprendono computer games, giocattoli radio-comandati, minitelevisori, ecc. Ci risulta che i prodotti provenienti dall'Unione Europea sono soggetti a procedure doganali più severe rispetto a quelli provenienti dal Giappone o dagli USA. Dato che la ns azienda è una sussidiaria totalmente appartenente ad un'azienda statunitense, vorremmo sapere se ritenete che l'esportazione in Cile direttamente dagli USA sarebbe più facile e meno costosa che dall'Italia.

Non vogliamo eludere i regolamenti vigenti, ma ottimizzare la ns operazione dati gli eventuali costosi ritardi dovuti alle operazioni di sdoganamento.

RingraziandoVi della Vs sollecitudine ed in attesa del Vs pronto riscontro Vi porgiamo distinti saluti.

BALOCCHI HIGH-TECH ITALIA S.r.l.
L'Amministratore Delegato
(Dott. Comm.[2] Tommaso Carli)

1 'Customs duties'.
2 Abbreviation for *commercialista* (graduate in economics and commerce; also chartered accountant or business consultant).

48 Undertaking customs formalities

27 November 199-

Your ref.
Our ref. RM/AP

HM Customs and Excise
Government Offices
LONDON WC2

Dear Sir/Madam

I write to inform you of a business operation in which my company is to be involved for the first time and to request your advice in the case of any misapprehension on my part.

As sole director of Leatherlux I have recently been able to conclude a deal with a firm of suppliers in Tunisia. I imagine that as a non-EC nation Tunisia cannot trade with complete freedom from import/export levies. I wish therefore to inform you that I intend to import from Nabeul in the next fortnight the following articles:

   150 men's leather jackets
    50 pairs of ladies' leather trousers
   250 leather belts
   100 pairs of leather sandals
    50 pairs of men's leather boots

I anticipate paying approximately £3,000 for the consignment. Can you please provide me with official documentation (if required) or confirm by fax that I shall be required to pay some form of duty on these imports?

I thank you in anticipation of your assistance.

Yours faithfully

Royston McAughey
Managing Director

48 Formalità doganali

Spett. ISTITUTO NAZIONALE PER IL COMMERCIO ESTERO
Via Liszt, 21
00144 ROMA

CA: DIRETTORE UFFICIO COMMERCIO UNIONE EUROPEA–AFRICA

Vs Rif:
Ns Rif: RM/AP

Ancona, li 27 novembre 199-

OGGETTO: Importazione dalla Tunisia

Vi informiamo con la presente[1] dell'operazione commerciale in cui sarà impegnata per la prima volta la ns società e per richiederVi chiarimenti.

Quale amministratore unico della PELLELUSSO il sottoscritto ha concluso recentemente un accordo con una ditta di fornitori tunisini. Ci risulta che, quale stato extracomunitario, la Tunisia non possa commerciare con totale esenzione da dazi d'importazione/esportazione. Nel corso dei prossimi quindici giorni la PELLELUSSO ha in programma l'importazione dei seguenti articoli dalla Tunisia:

150 giacche di pelle da uomo
50 pantaloni di pelle da donna
250 cinture di pelle
100 paia di sandali di pelle
50 paia di stivali di pelle da uomo

La spesa prevista si aggira sui 6.000.000 di Lire. Vi preghiamo di inviarci l'eventuale documentazione ufficiale richiesta o di comunicarci per fax le pertinenti imposte gravanti su importazioni di questo tipo.

Vi ringraziamo anticipatamente del Vs pronto riscontro e porgiamo distinti saluti.

PELLELUSSO MILANI EREDI S.d.f.
L'Amministratore Unico
(Renato Milani)

1 *Lettera* understood.

49 Informing of storage facilities

13 June 199-

Your ref. JG/TK
Our ref. JS/PI

Hurd's (International) Removals
34-36, Wesley Avenue
CROYDON
Surrey

Dear Mrs Gordon

I am pleased to inform you that the container of household goods your company contracted us to transport from Australia has now been delivered to our depot.

We will need by the end of this week to complete the official formalities, but you are welcome to pick up the unloaded contents for onward delivery to your customer from next Monday.

If you prefer to leave the goods here in store until further notice, please consult our price list (enclosed) for storage facilities and let us know your intention by fax.

As and when your driver does come to pick up the goods, he should enter the terminal by the side entrance which will lead him straight to the relevant loading area, marked DOMESTIC.

I trust these arrangements meet with your approval.

Yours sincerely

Jim Smith
Depot Manager

Enc.

49 Informazioni sul magazzinaggio

Spett.le Ditta TRAINT Srl
Corso Giovanni Verga, 34
29029 Rivergaro-Piacenza

Limana, li 13 giugno 199-

Vs Rif: GG/TC
Ns Rif: GS/PI

ALLA CORTESE ATTENZIONE DEL TITOLARE

OGGETTO: CONTAINER/AUSTRALIA/16/12/50

Siamo lieti di comunicarVi la giacenza nel nostro magazzino del container di articoli casalinghi che la Vs società ci ha richiesto di trasportare dall'Australia.

Le formalità ufficiali saranno completate entro la fine della settimana e la merce da inoltrare al Vs cliente sarà prelevabile[1] a partire da lunedì prossimo.

Nel caso vogliate lasciare la merce nel ns magazzino fino a nuovo avviso, Vi preghiamo di consultare l'allegato listino prezzi di magazzinaggio e di informarci opportunamente per fax.

Informate il Vs camionista che, per prelevare la merce in oggetto nell'apposita zona di carico contrassegnata dall'insegna NAZIONALE, potrà accedere al magazzino dall'ingresso laterale.

Confidiamo nella Vs approvazione e Vi porgiamo i ns migliori saluti.

CONTAINER CENTRALI sas
Addetto Deposito
Allegati: Listino prezzi

1 Alternative: *ritirabile*.

50 Assuring of confidentiality of information

1 November 199-

Your ref. EF/LJ
Our ref. HE/PI

Dr Ernesto Furillo
University Hospital
University of Managua
Managua
República de Nicaragua

Dear Dr Furillo

MISS ALICIA BARTOLOMÉ

Thank you for your letter of last month in which you sought confirmation that the reference you provided for Miss Alicia Bartolomé and her personal details would remain confidential.

It is the policy of the Government and of this Ministry to maintain total discretion when dealing with citizens from other countries who come here in order to develop their professional studies. Miss Bartolomé's course begins in three weeks time, when her curriculum vitae will have been duly stored on computer in this Ministry and will be accessible only to those with the due authorization.

The need for confidentiality in matters such as these is paramount, so you may rest assured that all proper measures will be taken to protect the interests of your hospital and of its employees.

Yours sincerely

Hortensia Enríquez Castro
Personnel Supervisor

50 Assicurazione della riservatezza delle informazioni

Spett.le OSPEDALE UNIVERSITARIO
Università Libera di Roma
00137 ROMA
Italia

CA: Dott. E. Furillo

Vs Rif: EF/LJ
Ns Rif: HE/PI

1.11.199-

OGGETTO: INFORMAZIONI RISERVATE / ATTESTATO – ALICIA BARTOLOMÉ

Ci riferiamo alla pregiata Vs del mese scorso in cui richiedete conferma della riservatezza dei dati in oggetto.

Il governo cubano e questo Ministero mantengono assolutamente riservate le informazioni concernenti i cittadini stranieri residenti nel nostro paese per avanzare nei propri studi professionali. L'inizio del corso a cui è iscritta Alicia Bartolomé è previsto fra tre settimane ed entro quella data il suo curriculum sarà stato memorizzato nel ns computer e sarà accessibile solo con la debita autorizzazione.

La massima riservatezza in questi casi è di capitale importanza. Le confermiamo perciò che tutte le misure necessarie saranno adottate per proteggere gli interessi della Vs organizzazione e dei Vs dipendenti.

Sicuri di trovare la Vostra approvazione, cogliamo l'occasione per porgerVi i nostri più cordiali saluti.

MINISTERO DE LA SANIDAD
Responsabile Ufficio Personale
(Hortensia Enríquez Castro)

51 Informing a client on conditions of loans/mortgages available

14 July 199-

Your ref. GB/LK
Our ref. PH/VE

Mr G Brookham
Managing Director
MultiCast
Floor 11
Forum House
Dukeries Avenue
Mansfield

Dear Mr Brookham

Since receiving your letter of 23 June we have been making enquiries on the matter of financing that you raised; please accept our apologies, nevertheless, for the delay. You will find enclosed three leaflets containing information about properties you may find interesting. We shall await your reaction to them.

As far as the question of finance is concerned, having consulted local banks as well as our own finance broker, we conclude that you would do best to arrange a meeting with the latter, Charles Element. He will be pleased to outline for you a variety of mortgage as well as short-term loan plans.

All four major banks in town offer facilities for loans, so you may prefer to try them before or after meeting Mr Element. However, it certainly appears that our broker can secure more favourable conditions if you are interested principally in a short-term loan.

Please see our broker's details below:

Element Financial Services, Star Chambers, High Street, Worksop, Nottinghamshire.

Yours sincerely

Percy Hartshorn
Customer Liaison

Encs

51 Informazioni inviate ad un cliente sulle condizioni di prestito/ipoteca

Spettabile Ditta MULTIVIDEO snc
Via Foro, 11
75100 MATERA

CA: Signor Giovanni Brocchi, Amministratore Delegato

Vs Rif: GB/LC
Ns Rif: PA/VE

Matera, li 14 luglio 199-

Ci scusiamo del ritardo con cui rispondiamo alla pregiata Vs del 23 giugno u.s. Vi facciamo noto che stiamo attualmente svolgendo delle indagini sul finanziamento da Voi richiesto. Vi rimettiamo in allegato[1] tre opuscoli informativi su locali disponibili in sede locale. Attendiamo i Vs commenti.

Per quanto concerne il finanziamento abbiamo contattato le banche locali ed il ns consulente finanziario, Dott. Carlo Eleme, Servizi Finanziari Eleme, via Roma 11, Matera, che è a Vs disposizione per illustrarVi varie opzioni di mutuo sia a lungo che a breve termine.

Prestiti sono disponibili presso le quattro principali banche di Matera, che potrete consultare prima o dopo un eventuale incontro con il dott. Eleme. Sottolineiamo però che quest'ultimo è in grado di offrirVi condizioni particolarmente vantaggiose se optate per un mutuo a breve termine.

Sempre a Vs disposizione distintamente Vi salutiamo.

UFFERSERCIZI
Responsabile Relazioni Clientela
(Geom.[2] Piero Artone)

Allegati: 3

1 Alternative: *Vi alleghiamo.*
2 *Geom*: abbreviation for *Geometra* (draughtsman, building surveyor).

52 Circulating local businesses with property services available

Our ref. CE/MB

To: Directors of all businesses in the Castilla-León region

Dear Colleague

I take the opportunity to write to you on behalf of myself and my partner, Ana Martiarena, in order to publicize as widely as possible the property services we can make available to businesses in the region.

Since establishing our company here in 1976 we have gradually expanded our range of activities and clients. Most recently we have opened a free advice centre in Puentenorte for any member of the public to obtain up-to-date information on the property market.

As regards the needs of business, we offer the following services:

- a weekly guide to premises for rent and sale
- a direct link to sources of finance
- rent-collection service
- legal and insurance consultancy
- assistance in securing mortgages
- technical support in planning space and furbishment
- computer database linked to the national property network

These and many more services are available from us, and all are on your doorstep. Don't hesitate – call us today on 234 56 71 or come in person to 69 Calle Balbita, Puentenorte, where you can be sure of a warm welcome.

Yours sincerely

Carlos Estévez

52 Circolare a società locali sui servizi immobiliari disponibili

CA: Amministratori delegati di tutte le società della regione Calabria

Ns. Rif: CE/MB

s.d.[1]

OGGETTO: SERVIZI ESTIVA & MARTIARENA

Abbiamo il piacere[2] di presentarVi la ns agenzia per pubblicizzare i servizi immobiliari che offriamo alle aziende della regione Calabria.

Dalla sua fondazione nel 1976, la ns agenzia ha gradualmente ampliato la sua gamma di attività e la sua base clienti. Recentemente abbiamo messo a disposizione del pubblico di Reggio Calabria un centro di informazioni sul mercato immobiliare.

Per soddisfare le esigenze del mondo d'affari, offriamo i seguenti servizi:

- guida settimanale ai locali in locazione e vendita
- collegamento diretto a fonti di finanziamento
- servizio di riscossione di affitti di locazione
- consulenza legale e assicurativa
- assistenza alla concessione di mutui
- supporto tecnico alla pianificazione e ammodernamento dei locali
- database computerizzata collegata alla rete immobiliare nazionale

Certi che i ns servizi incontreranno il Vs interessamento, restiamo a Vs disposizione per qualsiasi chiarimento. In attesa di una Vs gradita visita ai ns uffici o telefonata al numero sopraindicato Vi porgiamo i migliori saluti.

ESTIVA & MARTIARENA
Dott. Carlo Estiva
Contitolare

1 Abbreviation for *senza data* (no date).
2 Alternative: *Siamo lieti.*

53 Advertising maintenance services available for office equipment

30 January 199-

Your ref.
Our ref. TH/JY

To: Office Managers:
Motor Sales businesses
in South London area

Dear Colleague

You may be aware from press advertising that our firm offers a new service to the motor trade, particularly to maintain equipment used in processing stores supplies. Most large dealerships with service and accessories departments have installed a fully-integrated system that reduces drastically the need for large numbers of warehousemen.

The service charge is £350 per quarter, irrespective of visits made or problems solved; this figure also includes a component of insurance that covers both the dealership and ourselves against major breakdowns.

In recent months we have signed such service contracts with more than 40 dealerships whose names we are happy to supply if you are interested in checking our claims.

Thank you for your attention. Please do not hesitate to ring or fax us this week if the enclosed leaflet information is relevant to your needs.

Yours sincerely

Tom Henderson
Managing Director

Enc.

53 Pubblicità per servizi di manutenzione di forniture d'ufficio

CA: Direttori Concessionarie zona Bari

Vs Rif:
Ns Rif: TE/FN

30 gennaio 199-

OGGETTO: Manutenzione sistemi controllo scorte

Avrete notato dai recenti annunci pubblicitari sulla stampa che la ns società offre un nuovo servizio alle concessionarie automobilistiche, particolarmente per la manutenzione di apparecchiature usate per la gestione delle scorte. La maggior parte delle concessionarie hanno installato sistemi totalmente integrati in grado di ridurre notevolmente il numero dei magazzinieri impiegato.

Il costo trimestrale del servizio è di L. 800.000, a prescindere dal[1] numero di visite effettuate o dei problemi rettificati; detta cifra comprende[2] anche l'assicurazione che protegge sia le concessionarie che la MantenTecnica in caso di guasti di rilievo.

Negli ultimi mesi abbiamo stipulato simili contratti di servizio con oltre 40 concessionarie i cui nomi saremmo lieti di fornirVi per eventuale verifica da parte vostra di quanto sopra esposto. Vi preghiamo di prendere visione dell'allegato dépliant[3] e di contattarci questa settimana per telefono o fax se considerate pertinenti alla Vs società le informazioni contenute.

Vi ringraziamo dell'attenzione riservataci e Vi porgiamo distinti saluti.

MANTENTECNICA
(Tommaso Eridano)
L'Amministratore delegato

All.

The following alternatives may be used:
1 *indipendentemente dal, non considerando il*; 2 *include, è inclusiva anche della*;
3 *esaminare l'allegato opuscolo.*

54 Arranging a meeting for further discussions

28 August 199-

Our ref: TSS/EHK

Mr Angelo Ricasso
Cuscinetti SAS
Via Alessandro Manzoni, 32
20050 Triuggio (MI)
Italy

Dear Mr Ricasso

RE: THRUST BEARINGS

You may recall that in 1989 we had discussions regarding the addition of our thrust bearings to the Dudley range for sale in your country.

We regret that due to many changes which have occurred in this company and in our parent company no progress was made with our arrangements, and we understand that it must have been disappointing for you not to have heard from us for such a long time.

We are now willing to try again, if you have not made other arrangements and we would like to arrange a meeting with you in Cologne at the Hardware Fair next March.

We look forward to hearing from you,

Yours sincerely

Thomas Stone
SALES DIRECTOR

54 Appuntamento fissato per ulteriori discussioni

Ns Rif: TSS/EHK

Spett. Ditta CUSCINETTI s.a.s.
Via Alessandro Manzoni, 32
20050 TRIUGGIO (MI)
Italy

CA: SIGNOR ANGELO RICASSO

Dudley, 28 agosto 199-

OGGETTO: REGGISPINTA DUDLEY

Ricorderete i ns colloqui avuti nel 1989 sulla possibile inclusione dei ns reggispinta nella gamma Dudley in vendita nel Vs paese.

A suo tempo, a causa di vari cambiamenti avvenuti sia alla Dudley che alla ns società madre[1] nessuna decisione fu presa a riguardo e siamo sicuri che abbiate considerato con disappunto la ns mancata comunicazione.

Se, nel contempo,[2] non avete raggiunto accordi alternativi con altre società vorremmo riproporre l'inizio di nuove trattative ed un incontro durante la Fiera della Ferramenta che si terrà a Colonia nel marzo prossimo.

Restiamo in attesa di un Vs sollecito riscontro e Vi porgiamo distinti saluti.

DUDLEY THRUST BEARINGS LTD
Direttore Vendite
Thomas Stone

1 Alternative: *casa madre.*
2 Alternative: *frattempo.*

55 Reservations

Enquiry about hotel accommodation (fax)

Hotel Lucullus
Amadeusplatz 27
Hannover
Germany

Dear Sirs

I am attending the trade fair in Hanover in May with two colleagues from Millward plc, and we require rooms for three nights. Please could you confirm availability and price of the following:

three single rooms with bath/shower from 3 to 6 May.

Yours faithfully

Fred Garner

55 Prenotazioni di camere in albergo

Richiesta di informazioni (fax)

Spettabile GRAND HOTEL CINQUE TORRI
Piazza Amedeo, 27
20185 MILANO
Italy

ALLA CORTESE ATTENZIONE DELL'UFFICIO PRENOTAZIONI[1]

Coventry, ... / ..... / .....

OGGETTO: Prenotazione 3 camere singole con bagno/doccia, 3–6 maggio
prossimo – 3 notti

Vogliate confermare la disponibilità e le tariffe delle camere in oggetto per il
sottoscritto e due colleghi della Millward plc.

In attesa di una Vs sollecita risposta gradite i ns migliori saluti.

MILLWARD PLC
Federico Garneri

1 'Booking/reservation office'.

56 Reservations

Confirmation of reservation (fax)

Ms G Cole
Ledington Parker plc
Moreton Avenue
Birmingham
B37 9KH

Dear Ms Cole

Room reservation 15–18 November

We confirm that we are able to offer the following accommodation:

four single rooms with shower/WC @ £150 per night, inclusive of breakfast and service.

We should be grateful if you could confirm the booking in writing as soon as possible.

Yours sincerely

H Japer

56 Prenotazioni

Conferma di prenotazione (fax)

Spett. Ditta LEDINGTON PARKER PLC
Moreton Avenue
BIRMINGHAM
B378 9KH
Gran Bretagna

CA: Sig.a Gloria Cole

Rimini, 28 novembre 199-

Prenotazione camere 15–18 novembre prossimo

Confermiamo la disponibilità di:

4 camere singole con doccia/servizi igienici[1] a L. 300.000 (trecento mila lire) per
notte, prima colazione e servizio inclusi.

Vogliate confermarci la prenotazione per iscritto con la massima sollecitudine.

Nell'attesa Vi porgiamo distinti saluti.

HOTEL LUCINDIA RIMINI
UFFICIO PRENOTAZIONI

1 The Italian for WC is *gabinetto, water; servizi igienici* is more acceptable and as well as a
toilet includes the use of a bidet.

57 Reservations

Change of arrival date

Ms J Hinton
Hotel Bonner
46 Southampton Way
London
SE39 8UH
England

Dear Madam

We have today received your confirmation of our booking of three single rooms
from 18 to 23 March.

Unfortunately, we have had to change our plans, and shall not now arrive in
London until the morning of 20 March. We would be grateful if you could change
the reservation accordingly.

Yours faithfully

57 Prenotazioni

Cambio della data d'arrivo

Spettabile HOTEL LEONARDO DA VINCI
Via Avondo, 46
61100 PESARO
Italia

Bocholt, .../...../199-

OGGETTO: <u>3 CAMERE SINGOLE – 18–23 MARZO PROSSIMO</u>

Facciamo seguito[1] alla Vs conferma pervenutaci[2] oggi della summenzionata prenotazione.

Abbiamo purtroppo dovuto modificare il ns programma ed il ns arrivo a Pesaro è ora previsto nella mattinata del 20 marzo. Vi preghiamo di modificare la ns prenotazione opportunamente.

PregandoVi di favorirci un cenno di ricevuta della presente e di confermarci la modifica Vi porgiamo cordiali saluti.

HARALD KLEIN GmbH

1 Alternative: *In risposta, Rispondiamo.*
2 Alternative: *da noi ricevuta, che abbiamo ricevuto.*

58 Reservations

Request for confirmation of reservation

Ms J Petersen
45 Dorrington Terrace
Bradford
Yorkshire
England

Dear Ms Petersen

You made a telephone reservation one week ago for a single room for two nights (20–22 July). We indicated to you when you made the reservation that we would hold it for one week, but that we required written confirmation.

If you still wish to reserve the room, could you please confirm by fax within 24 hours, or we shall have to reserve the room for other clients.

Thank you for your cooperation.

Yours sincerely

58 Prenotazioni

Richiesta di conferma

Gent.ma Sig.a Julia Petersen
145 Dringthorpe Road
Dringhouses
YORK YO2 2LF
Inghilterra

Belgirate, 21 febbraio 199-

OGGETTO: Conferma prenotazione – 20–22 luglio 199- – camera singola

Nel corso della Sua telefonata di una settimana fa Le indicammo che, in attesa della Sua conferma scritta, la camera in oggetto sarebbe stata riservata per Lei per sette giorni.

La preghiamo di confermarci la prenotazione per fax nelle prossime 24 ore; in caso di mancato arrivo della Sua conferma[1] la camera sarà riservata per altri clienti dell'Hotel Fontana.

RingraziandoLa della Sua cortese collaborazione Le porgiamo distinti saluti.

HOTEL FONTANA
UFFICIO PRENOTAZIONI

1 Alternative: *se non riceveremo la Sua conferma.*

59 Insurance

Request for quotation for fleet car insurance

Hartson Insurance Services
24 Westbury Way
Sheffield
S12 9JF

Dear Sirs

We understand from colleagues that you specialize in insurance for company fleet cars. We have a large fleet of executive saloons, and are currently obtaining quotations for insurance cover.

If you are interested in giving us a quotation, could you please contact Ms Helen Bridges, our fleet manager, who will give you the appropriate details.

Yours faithfully

D J Spratt

59 Assicurazione

Richiesta di preventivo per l'assicurazione di parco auto

Spett.le Ditta AZZONE ASSICURAZIONI
Via Borgovecchio, 24
20150 MILANO

Villasanta, li . . . .

OGGETTO: Preventivo/Assicurazione parco auto[1] Meccanica Orto

Ci risulta[2] che la Vs società sia specializzata nell'assicurazione di parchi automobili aziendali. La Meccanica Orto cerca attualmente preventivi di copertura assicurativa per il suo numeroso parco vetture.

Vorremmo richiederVi[3] di presentarci un preventivo ed a questo scopo Vi preghiamo di contattare la ns responsabile parco auto, Elena Ponti, che Vi fornirà i dati relativi pertinenti.

RingraziandoVi della Vs cortese attenzione Vi porgiamo distinti saluti.

MECCANICA ORTO SRL

The following alternatives may be used:
1 *parco vetture, parco macchine*; 2 *Abbiamo appreso*; 3 *Vi preghiamo.*

60 Insurance

Reminder of overdue premium

Mr R Collins
45 Delta Road
Stoke-on-Trent

Dear Mr Collins

Your vehicle, registration no H351 AWL, is currently insured by us. We sent you several days ago a reminder that the insurance renewal premium was due. We have still not received this from you. We have to write to inform you that unless we receive payment within 72 hours, the insurance cover will lapse. Please send payment directly to our office in Gower Street, London.

Yours sincerely

60 Assicurazione

Mancato versamento di premio – Polizza decaduta

Egr. Sig. Colli Riccardo
Via Delta, 45
32030 SERENA DEL GRAPPA (BL)

Belluno, 31 luglio 199-

Egregio Signor Colli

OGGETTO: Polizza 281978/Z9/Versamento premio

In data 18 luglio 199- La informammo dell'imminente scadenza del premio assicurativo per l'autovettura, targata BL 473893,[1] di Sua proprietà. Ci rincresce comunicarLe che, in caso di mancato versamento dell'importo del premio, entro e non oltre 3 giorni a partire dalla data della presente, direttamente ai ns uffici di Via Carnia 101, Milano, i benefici e i diritti della suddetta polizza verranno a decadere.

Nell'attesa Le porgiamo distinti saluti.

AUTOASSICURAZIONI LORIMER
Belluno

1   The first two letters of Italian number plates are the abbreviation of the province in which the vehicle owner is resident, e.g. FI for Firenze, CA for Cagliari, TS for Trieste, PG for Perugia. A new type of number plate is being phased in in 54 out of the 94 Italian provinces which does not contain the province indication and is similar to the British one.

61 Insurance

Submission of documents to support claim

Darton Insurance Services
59 Tristan Road
Uttoxeter
Staffordshire

Dear Sirs

I submitted to you several days ago a claim form under the terms of my motor vehicle insurance (policy number CDF 9486756 UY 94766). Your head office has since requested from me the original policy document. I regret that this is no longer in my possession, and I enclose herewith a photocopy. I trust that this will meet your requirements.

Yours faithfully

A Lightowlers

Enc.

61 Assicurazione

Inoltro di documenti per corredare una richiesta di indennizzo

Spettabile Ditta
DARTOME SERVIZI ASSICURATIVI
Via Tristano, 59
21047 SARONNO (VA)

Barolo, 18 marzo 199-

ALLA CORTESE ATTENZIONE DELL'UFFICIO ASSICURAZIONI AUTO

OGGETTO: Polizza n. CDF 9486756 IE 94766

In riferimento al modulo di domanda in conformità della suddetta polizza assicurativa presentatoVi in data . . . . La Vs sede centrale ha richiesto la presentazione della polizza originale. Non essendo il documento della polizza originale più in mio possesso[1] Vi rimetto[2] una fotocopia sicuro della sua validità ai fini della presentazione della domanda di indennizzo.

Distinti saluti

Giorgio Baudetti
Via Marcanti, 48
12060 BAROLO (CN)

All.

1 Alternative: *Poiché il documento della polizza originale non si trova più in mio possesso.*
2 Alternative: *invio, allego.*

62 Insurance

Taking out third party vehicle insurance

Uxbridge Insurance
Grosvenor House
12b Weston Terrace
Bournemouth
Hants

Dear Sirs

RE: QUOTATION RC28FO

With reference to the above quotation, I confirm that I wish to take out Third Party car insurance, and enclose the appropriate fee in the form of a cheque.

I should be grateful if you could send me confirmation and the policy certificate as soon as possible.

Yours faithfully

Penny Simpkin

62 Assicurazione

Sulla responsabilità civile per proprietari di autoveicoli

Spett. Ditta LAGO ASSICURAZIONI
Sede Centrale
Via dell'Occidente, 12
20052 MONZA

<u>CORTESE ATTENZIONE: UFFICIO ASSICURAZIONE RESPONSABILITÀ CIVILE</u>

28/12/199-

OGGETTO: VS PREVENTIVO RC28FO/POLIZZA RESPONSABILITÀ CIVILE

In riferimento al Vs suddetto preventivo Vi comunico[1] che accetto la polizza da Voi proposta e Vi trasmetto[2] in allegato il versamento dell'importo del premio tramite assegno bancario.

Vogliate[3] inviarmi con la massima sollecitudine la conferma della suddetta copertura assicurativa ed il relativo certificato di polizza.

In attesa del Vs prontissimo riscontro Vi porgo distinti saluti.

Giovanni Maria Rossi
Corso Mare, 88
47040 CERASOLA AUSA DI CORIANO (FO)

All.

The following alternatives may be used:
1 *informo*; 2 *invio*; 3 *Vi prego di.*

63 Insurance

Refusal to meet claim

Ms D Leach
29 Janison Avenue
York

Dear Ms Leach

RE: CLAIM NO. JH 8576/HY

We acknowledge receipt of your claim form (reference JH 8576/HY) for water damage to your stock on the night of 27 March. We regret, however, that our company is unable to meet your claim, as our policy (section 3, paragraph 5) specifically excludes this form of damage, particularly since the premises were unoccupied for a period of two weeks before the damage occurred.

Yours sincerely

P Hartwell

63 Assicurazione

Mancata accettazione di richiesta d'indennizzo

Spett. Ditta LECCE ALIMENTARI
Corso Ianicolo, 29
35020 LEGNARO

CA: Sig.a Maura Perria

LEGNARO, 11 aprile 199-

OGGETTO: Polizza 151260/AB8576/CD

Accusiamo[1] ricevuta del Vs modulo di richiesta d'indennizzo per danni causati da allagamento alle Vs scorte nel corso della[2] notte del 27 marzo c.m. Ci rincresce comunicarVi che la Guisti Assicurazioni non può accettare la Vs richiesta in quanto la summenzionata polizza (sezione 3, paragrafo 5) esclude espressamente[3] danni di questo tipo, particolarmente perché i locali in questione erano vuoti per le due settimane precedenti il sinistro.

Distinti saluti

GUISTI ASSICURAZIONI
Legnaro

The following alternatives may be used:
1 *confermiamo*; 2 *nel corso della*: *durante la*; 3 *categoricamente, esplicitamente.*

64 Considering legal action

24 May 199-

Cabinet Rossignol
4 rue des Glaïeuls
75009 Paris
France

For the attention of Maître Patelin

Dear Maître Patelin

Your name was given to us by Robert Mackenzie of Canine Crunch Ltd for whom you acted last year.

We have a complaint against the French newspaper *Le Satellite* who have, in our opinion, seriously defamed us in the enclosed article dealing with the closure of our plant at Roissy-en-France.

We would wish to take legal action against the said journal but first would like to have your professional advice on the strength of our case. Could you also let us know how long such a case might run and the likely scale of our legal costs.

Yours sincerely

Lionel E Bone
Managing Director

Enc.

64 Possibilità di azione legale intentata per diffamazione

Spett. le Società CABINET ROSSIGNOL
4 rue des Glaïeuls
75009 PARIS
Francia

Per la cortese attenzione di Maître Patelin

ROMA, 24 maggio 199-

Il nome del Vs studio ci è stato indicato da Robert Mackenzie della Ferrolegno Srl per conto della quale avete agito l'anno scorso.

La ns società vorrebbe presentare un ricorso contro il quotidiano francese *Le Satellite*, che, riteniamo, abbia[1] gravemente diffamato[2] la ns impresa nell'allegato articolo concernente la chiusura del ns stabilimento a Roissy-en-France.

Vorremmo intentare causa contro il suddetto quotidiano, ma vorremmo prima consultarVi nella Vs capacità professionale sulla validità di una possibile azione legale. Vorremmo inoltre informarci sull'eventuale durata di una causa di questo tipo e sull'ammontare[3] previsto delle spese legali relative.

In attesa di Vs risposta Vi salutiamo distintamente.

SISTEMI ECOLOGICI TUFFER
(Leonida Franceschi)
L'amministratore delegato

All.

The following alternatives may be used:
1 *riteniamo, abbia a ns parere, ha*; 2 *denigrato, screditato*; 3 *sul totale complessivo*.

65 Requesting information on setting up a plant abroad

23 May 199-

Office Notarial
84 rue du Grand Pineau
85000 Olonnes sur Mer
France

Dear Sirs

Our company is proposing to set up a dairy produce processing plant in western France and we would like you to find us a suitable site.

We need either freehold or leasehold premises of 2,000 square metres on a plot with easy access for large vehicles.

Can you help us in finding the site and act for us in its acquisition? This is our first venture into France so we would appreciate all additional information about property purchase or leasing.

Yours faithfully

Arthur Sturrock
Managing Director

65 Richiesta d'informazioni – apertura di stabilimento all'estero

Spett.le OFFICE NOTARIAL
84 rue du Grand Pineau
85000 OLONNES SUR MER
Francia

SIRANE, 23 maggio 199-

Stabilimento per caseificio Cibibon

Con la presente Vi richiediamo di indicarci uno stabilimento nella Francia occidentale in cui la ns società potrebbe approntare un caseificio.

Lo stabilimento richiesto, con diritto di proprietà assoluta o in locazione, con superficie totale di 2.000 m^2, deve anche comprendere un terreno di facile accesso per veicoli di grandi dimensioni.

Vi preghiamo di assisterci, di fornirci ulteriori informazioni sull'acquisto e sulla locazione di immobili di questo tipo e di agire per conto della Casearia Cibibon nella ns prima operazione in Francia.

RingraziandoVi in anticipo distintamente Vi salutiamo.

CASEARIA CIBIBON Srl
(L'amministratore delegato)

66 Complaint about delay in administering an account

18 September 199-

Société Bancaire Générale
4 boulevard Leclerc
76200 Dieppe
France

For the attention of the Manager

Dear Sir

RE: ACCOUNT NO. 654231

We have received the July statement of our above account no. 654231 and are surprised that the balance shown is so low.

We have been assured by two of our major customers, Alligand SA and Berthaud Etains, that they settled large outstanding invoices by bank transfer to that account four weeks and five weeks ago respectively.

Will you please check very carefully and let us know by fax the exact balance of our account. If as we think, work is being processed by you in a dilatory fashion, please could you let us know the reason for this.

Yours sincerely

Eric Smith
Finance Director

66 Reclamo per il ritardo nell'accreditamento di un versamento in un conto

Spett. SOCIÉTÉ BANCAIRE GÉNÉRALE
4 boulevard Leclerc
76200 DIEPPE
Francia

Per la cortese attenzione del Direttore

18 settembre 199-

OGGETTO: Conto n. 654321 – E/C[1] mese luglio 199-

Accusiamo ricevuta[2] del suddetto estratto conto e siamo stupiti[3] dal saldo in banca.

La Alligand S.A. e la Berthaud Etains, due fra i ns maggiori clienti, ci hanno assicurato di aver accreditato sul ns conto, tramite bonifico bancario, rispettivamente quattro e cinque settimane fa, i pagamenti di alcune fatture scoperte per importi elevati.

Vi preghiamo di verificare con la massima cura e sollecitudine e di comunicarci per fax l'esatto saldo del ns conto. Se il disguido[4] è dovuto a ritardo da parte Vs vi preghiamo di indicarcene il motivo.

Ci permettiamo di fare affidamento sulla Vs cortesia e nell'attesa del Vs riscontro Vi porgiamo distinti saluti.

TECNICA Srl
Il Direttore Finanziario

1 Abbreviation for *estratto conto* (bank statement).
The following alternatives may be used:
2 *abbiamo ricevuto*; 3 *sorpresi*; 4 *l'errore*.

67 Complaint about mail delivery

19 November 199-

The Central Post Office
Place Centrale
53000 Laval
France

Dear Sirs

As a result of enquiries we have made in England it appears that delays we have experienced in the delivery of our mail to our subsidiary in Cossé le Vivien are being caused at the Laval sorting office.

Since our business is being seriously inconvenienced by postal delays we would be most grateful if you could look into the matter.

It should not take 10 days for orders and invoices to get from us to our colleagues in Cossé. Enclosed is a sample mailing sent by us, with dates clearly marked.

Yours faithfully

Jeremy P Johnson
Director

Enc.

67 Reclamo sulla distribuzione della corrispondenza

Spett.le Bureau de Poste
Place Centrale
53000 LAVAL
Francia

ALLA CORTESE ATTENZIONE DEL DIRETTORE GENERALE

SIRONE, 19 novembre 199-

OGGETTO: RITARDI DISTRIBUZIONE POSTA DA SIRONE A COSSÉ – CENTRO DI SMISTAMENTO DELLA CORRISPONDENZA DI LAVAL

Dalle informazioni da noi raccolte in Italia ci risulta che i ritardi verificatisi nella distribuzione della ns corrispondenza destinata alla ns consociata di Cossé le Vivien sono dovuti a disguidi al centro di smistamento di Laval.

Il disguido causatoci da questi ritardi postali è considerevole e Vi preghiamo perciò di prendere in esame[1] la situazione. Non consideriamo accettabile il periodo di 10 giorni richiesto per la consegna di ordinativi e fatture ai ns uffici di Cossé. Vi alleghiamo una lista, corredata di relative date di spedizione e consegna, della corrispondenza da noi inviata.

Restiamo in attesa del Vs pronto riscontro e Vi porgiamo distinti saluti.

CARTOLIBRERIE INTERNAZIONALI SRL
Giacomo Dell'Elia
Amministratore

All.

1 Alternatives: *vagliare, considerare.*

68 Complaint about wrong consignment of goods

1 September 199-

Dessous Dessus
14 rue Legrand
80000 Amiens
France

For the attention of Mr A Malraux

Dear Mr Malraux

RE: INVOICE NO. 13322/08/92

We regret to inform you that the garments you sent us in your consignment of 25 August were not what we had ordered.

Please refer to our order (copy enclosed) and to your invoice (N.13322/08/92). You will see that the briefs, slips and bras are mostly the wrong sizes, colours and materials.

We are at a loss to explain this departure from your normally reliable service. Will you please contact us immediately so that we can put matters right?

Yours sincerely

Fred Smith
Manager

Enc.

68 Reclamo per merce non corrispondente a quella ordinata

Spett.le Ditta DESSOUS DESSUS
14 rue Legrand
80000 AMIENS
Francia

Per la cortese attenzione del Sig. A. Malraux

1° settembre 199-

OGGETTO: Vs fattura – n. 13322/08/92

Ci rincresce informarVi che i capi inclusi nella Vs consegna del 25 agosto u.s. non corrispondono a quelli da noi ordinati.

Dal confronto fra la copia allegata del ns buono d'ordine e la Vs fattura è chiaro che quasi tutte le taglie,[1] i colori e i tessuti degli slip,[2] delle sottovesti e dei reggiseni non corrispondono a quelli ordinati.

Data la consueta[3] affidabilità del Vs servizio questo Vs errore ci sorprende alquanto. Vi preghiamo di contattarci con la massima sollecitudine per rettificare[4] l'errore.

In attesa del Vs riscontro Vi ringraziamo per la Vs collaborazione e porgiamo distinti saluti.

ELENA ABBIGLIAMENTO S.a.s.
Federica Giusti
Direttore

All.

1 Alternative: *misure*.
2 Italian for *high cut briefs*; traditional cut briefs are called *mutande*.
3 Alternatives: *abituale, solita*.
4 Alternative: *correggere*.

69 Complaint about damage to goods

3 April 199-

Transports Transmanche SA
Quai des Brumes
14000 Caen
France

For the attention of Mr Gérard Dispendieux

Dear Monsieur Dispendieux

We have received a complaint from John Ferguson of Amex Insurance concerning the company's removal to Beauvais three weeks ago. You will remember that we subcontracted this removal to your company.

Mr Ferguson claims that several of the items of furniture and office equipment were damaged on arrival at the premises in Beauvais.

Although he immediately complained to your deliverymen, he has still not heard from you. In the interests of our future business relations I would be grateful if you could clarify this situation.

Yours sincerely

Gerald Wagstaffe
French Area Manager

69 Notifica di arrivo di merce danneggiata

Spett.le Ditta TRANSPORTS TRANSMANCHE S.A.
Quai des Brumes
14000 CAEN
Francia

Alla cortese attenzione di M. Gérard Dispendieux

Montagnana, 3 aprile 199-

Amex Assicurazioni – Trasloco a Beauvais

John Ferguson, dell'Amex Assicurazioni, ha inoltrato[1] un reclamo concernente il trasloco, da noi concesso in subappalto alla Vs agenzia, della detta società a Beauvais, tre settimane fa.

John Ferguson riferisce che, all'arrivo ai locali di Beauvais, diversi mobili e varie apparecchiature d'ufficio sono risultati danneggiati.

Nonostante i reclami presentati immediatamente ai Vs addetti, nessuna Vs comunicazione è finora pervenuta[2] all'Amex Assicurazioni. Nell'interesse della ns collaborazione futura, Vi preghiamo di voler cortesemente chiarire quanto sopra esposto.

Gradite distinti saluti.

AGENZIA TRASLOCHI E AUTOTRASPORTI INT. SRL
Resp.[3] Traslochi Francia
Giangiacomo Staffa

1 Alternative: *inviato*.
2 Alternative: *giunta*.
3 Abbreviation for *responsabile* ('person in charge', 'manager').

70 Informing customers that a company has been taken over

24 July 199-

Produits Chimiques SA
89 rue Jules Barni
80330 Longueau
France

Dear Sirs

Thank you for your order dated 17 July. We have to inform you, however, that our company has recently been taken over by a larger concern, INTERNATIONAL CHEMICALS Inc.

As a result of this, we no longer produce the polymers that you request at this site. We have, however, passed on your order to our parent company and are confident that you will be contacted soon.

In the interests of our future business relations we enclose the latest catalogue of our total range of products, indicating which subsidiary manufactures which product.

Yours faithfully

Frederick Herriot
Plant Director

Enc.

70 Comunicazione ai clienti del rilevamento della ditta

Spettabile Ditta
Produits Chimiques S.A.
89 rue Jules Barni
80330 LONGUEAU
Francia

ALLA CORTESE ATTENZIONE DELL'UFFICIO ACQUISTI

Cologno Milanese, 24 luglio 199-

OGGETTO: Recente acquisizione dell'ARTESIA CHIMICA

Ci riferiamo al gradito ordine Vs inviatoci in data 17 luglio u.s. Inviamo la presente per informarVi dell'avvenuto rilevamento[1] dell'Artesia Chimica da parte dell'INTERNATIONAL CHEMICALS Inc., un'azienda di maggiori dimensioni.

A seguito della detta acquisizione la Artesia Chimica non produce più i polimeri da Voi richiesti in questo stabilimento; abbiamo perciò inoltrato[2] il Vs ordine alla ns casa madre che provvederà a contattarVi con la massima sollecitudine.[3]

Ai fini della ns collaborazione futura Vi rimettiamo[4] in allegato il più recente catalogo della ns gamma completa di prodotti, completo di guida sui prodotti di ciascuna consociata.

Vi preghiamo di prendere nota di quanto sopra esposto. Ricevete i ns migliori saluti.

ARTESIA CHIMICA
Direttore Stabilimento Cologno Milanese
(Ing. Federico Errio)

The following alternatives may be used:
1 *dell'avvenuta acquisizione;* 2 *trasmesso;* 3 *il più presto possibile, non appena possibile;*
4 *inviamo, trasmettiamo.*

71 Informing customers of change of name and address

EUROPEAN COMMERCIAL INSURANCE Ltd
47 Broad Walk
Preston
Lancashire United Kingdom

(Formerly PRESTON INSURERS Inkerman Street, Preston)

1 June 199-

The Export Manager
Nouveaux Textiles
342 chaussée Baron
59100 Roubaix
France

Dear Sir

RE: CHANGE OF COMPANY NAME AND ADDRESS

We are writing to all our valued customers to inform them that Preston Insurers has changed both its registered name and its address.

We are still located in Preston and operating as commercial insurers as before. However, we have acquired new partners who have invested fresh capital in the business.

It is our intention to increase our European business, hence the new name. Enclosed is our brochure setting out our range of services and tariffs. Do not hesitate to contact us if you have any queries about these changes.

Yours faithfully

Nancy Wilton
Customer Liaison Manager

Enc.

71 Notifica ai clienti di nuova ragione sociale e di trasferimento di sede

EURO-ASSICURAZIONI COMMERCIALI Srl
V. Ferdinando Magellano, 49–51
90139 PALERMO

(Già Assicurazioni Palermo, Piazzetta Resuttana, Palermo)

Spett.le Ditta NOUVEAUX TEXTILES
342 chaussée Baron
59100 ROUBAIX
Francia

CA: DIRETTORE VENDITE ESTERE

Palermo, 1º giugno 199-

OGGETTO: Nuova ragione sociale e trasferimento di sede

Portiamo a conoscenza dei[1] ns stimati clienti che la Palermo Assicurazioni ha assunto la ragione sociale Euro-Assicurazioni Commerciali Srl e si è trasferita alla nuova sede sopra indicata.

La ns azienda, rivitalizzata dal capitale investito dai nuovi soci, continua a svolgere la propria attività a Palermo, nel campo delle assicurazioni commerciali.

La ns nuova ragione sociale è dovuta al previsto incremento[2] delle ns attività in campo europeo. Vi rimettiamo in allegato il ns dépliant[3] in cui è delineata[4] la ns gamma di servizi e le relative tariffe.

Restiamo a Vs disposizione per fornirVi ulteriori chiarimenti su quanto sopra esposto e distintamente Vi salutiamo.

EURO-ASSICURAZIONI COMMERCIALI SRL
Responsabile Relazioni Clientela
(Franca Gitto)

All.

The following alternatives may be used:
1 *Informiamo i*; 2 *aumento*; 3 *la nostra brochure*; 4 *presentata*.

72 Informing customers of increased prices

2 November 199-

Epicerie Fine
9 rue Dutour
72100 Le Mans
France

Dear Monsieur Olivier

In reply to your letter of the 5th I am sending you a new price list.

You will note that all of our prices have increased by some 6.3 per cent. This was unfortunately made necessary by our continuing inflation as well as the British Chancellor's recent decision to increase the general rate of VAT to 17.5 per cent.

I hope that the quality of our produce will continue to engage your loyalty.

Yours sincerely

Michael McDermott
Marketing Manager

Enc.

72 Notifica ai clienti di aumento dei prezzi

Spett.le Ditta SALUMERIA MAMMA ANGELA
Strada dei Loggi, 9
41100 MODENA
Italy

PER LA CORTESE ATTENZIONE DELLA TITOLARE

Birmingham, li 2 novembre 199-

OGGETTO: Nuovo listino prezzi SELECT

In risposta alla gradita Vs[1] del 5 ottobre u.s. ci premuriamo allegarVi[2] il ns nuovo listino prezzi.

I ns prezzi hanno subìto[3] un aumento del 6,3% circa, resosi necessario a causa della continua inflazione nel ns paese, dell'aumento dell'aliquota IVA imponibile al tasso del 17,5%, deciso recentemente dal Cancelliere dello Scacchiere del Regno Unito, e del valore in ribasso della sterlina.

Nell'attesa di essere favoriti dalla[4] Vs continua fiducia nei ns prodotti, Vi porgiamo distinti saluti.

SELECT DELICATESSEN LTD
Direttore Marketing
Michael McDermott

All.

1 *Lettera* is understood.
2 Alternative to *ci premuriamo allegarVi*: *vi inviamo*.
3 Note the accent on the 2nd syllable: *subìto*, past participle of the verb *subire*.
4 Alternative: *poter contare sulla*.

73 Requesting information about opening a business account

23 October 199-

The Manager
Crédit Mercantile
89 rue Béranger
69631 VÉNISSIEUX
France

Dear Sir

We are proposing to open an office and refrigerated storage facility at Vénissieux in the new year and would appreciate some information about opening a bank account at your branch.

Initially we would be transferring funds to finance the setting up of our new business premises. Thereafter we would expect to use the account to receive payments from French customers and to pay local suppliers etc.

We would be most grateful if you could inform us of all the formalities that we need to observe, both public and particular, to Crédit Mercantile. Could you also inform us of your charges on business accounts?

Yours faithfully

Eric Wise
Commercial Manager

73 Richiesta d'informazioni sull'apertura di un conto commerciale

Spett.le CRÉDIT MERCANTILE
89 rue Béranger
69631 VÉNISSIEUX
Francia

CA: DIRETTORE

Padova, 23 ottobre 199-

OGGETTO: Apertura conto commerciale

L'anno prossimo[1] la società Melito prevede la messa a punto di uffici e di un impianto di refrigerazione a Vénissieux e vorrebbe ricevere informazioni sull'apertura di un conto presso la Vs filiale.

Detto conto sarebbe usato, inizialmente, per il trasferimento di fondi per il finanziamento della messa a punto del nuovo impianto e, successivamente, per l'accreditamento dei versamenti dei clienti francesi, il pagamento dei fornitori locali, ecc.

Vogliate comunicarci[2] tutte le formalità necessarie, sia generali che pertinenti solo alla Crédit Mercantile, oltre alle Vs competenze bancarie per conti di questo tipo.

RingraziandoVi per la Vs cortese collaborazione cogliamo l'occasione per porgerVi distinti saluti.

MELITO FORNI S.a.s.
Direttore Commerciale
(Egidio Savio Carlini)

1 Alternative: *venturo*.
2 Alternative: *notificarci, trasmetterci*.

74 Requesting information about opening a personal bank account

4 November 199-

The Manager
Banque Nationale
146 boulevard Haussmann
75016 Paris
France

Dear Sir

My British employers are posting me to their French subsidiary as of the beginning of January. I will therefore be moving to Paris with my family and I expect to be resident in France for two years.

Will you please inform me about opening a personal current account at your bank. My salary would be paid into the account and both my wife and myself would wish to draw money from it and to pay bills by cheque etc. We may also wish to transfer money to a bank account in England.

Please send me any documentation you have. (I can read French though I am not very good at writing it.)

Yours faithfully

Stuart Smith

74 Richiesta d'informazioni sull'apertura di conto corrente personale

Spettabile Banque Nationale
146 boulevard Haussmann
75016 PARIS
Francia

ALLA CORTESE ATTENZIONE DEL DIRETTORE

Bari, 4 novembre 199-

Apertura CC[1] personale

All'inizio del prossimo mese di gennaio mi trasferirò per motivi di lavoro alla consociata francese della società presso cui sono attualmente impiegato. Mi trasferirò a Parigi con la mia famiglia ed il mio soggiorno[2] in Francia è previsto per un periodo di due anni.

Vogliate inviarmi informazioni sull'apertura di un conto corrente personale presso la Vs banca. Il mio stipendio sarà versato sul conto direttamente dalla mia società e, con mia moglie, vorrei utilizzare il conto, tra l'altro, per prelievi di contanti, per pagare conti e bollette tramite emissione di assegni, e per il trasferimento di somme di denaro al ns conto bancario in Italia.

In attesa di ricevere il Vs riscontro[3] e le informazioni di cui disponete (sono in grado di leggere il francese anche se non di scriverlo correttamente), ringraziandoVi per la cortesia accordatami Vi porgo distinti saluti.

Caccia Antonio
Corso Francia, 22
70123 BARI

1 Abbreviation for *conto corrente*.
2 Alternative: *il mio servizio, la mia trasferta*.
3 Alternative: *la Vs risposta, la Vs comunicazione*.

75 Letter re overdrawn account

9 March 199-

Mr J H Jameson
47 Narrow Bank
Lichfield
Staffordshire

Dear Mr Jameson

We regret to inform you that your account, number 62467840, is overdrawn by £21.09.

We would appreciate your rectifying this situation as soon as possible since you have no overdraft arrangement with us.

Yours sincerely

F E Jones
Manager

75 Notifica di conto scoperto

Egr. Sig. Giandomenico Franchi
Via Stretta, 47
13040 BURONZO (VC)

Buronzo, 9 marzo 199-

OGGETTO: CC N° 62467840

Ci rincresce comunicarLe che il suddetto conto è scoperto per un ammontare di
L.45.000 (quarantacinque mila lire).

La preghiamo di rettificare quanto prima[1] lo scoperto di cui sopra, non
concessoLe dalla ns banca.

Distintamente

CASSA PROVINCIALE DI CREDITO
Il Direttore
Dott. Filippo Spiga

1   Alternatives: *con la massima sollecitudine, al più presto possibile.*

76 Bank's letter to customer

2 May 199-

Mr Bernard J Mann
4 Beauchamp Mews
London
England

Dear Mr Mann

We are writing to inform you that we have today received a cheque payable to you for the sum of $124,035.00 and sent by J et P Barraud Notaires, 307 rue du Château, Luxembourg.

Can you please confirm as soon as possible that you were expecting this deposit and let us know your instructions concerning it?

Enclosed is a photocopy of this cheque and its accompanying letter.

Yours sincerely

Amélie Dupont
Head Cashier

Encs

76 Lettera dalla banca al cliente

Egr. Sig. Giuseppe Mannoia
Via Ludovico Ariosto, 4
42015 CORREGGIO (RE)

S. Ilario d'Enza, 2 maggio 199-

OGGETTO: <u>Assegno - Importo di $124.035 (centoventiquattromila e trentacinque dollari) pagabile a Mannoia Giuseppe, Via Ludovico Ariosto 4, 42015 Correggio (RE) – inviato dalla J et P Barraud Notaires, 307 rue du Château, Lussemburgo</u>

In riferimento all'assegno in oggetto pervenutoci in data odierna,[1] vogliate confermarci a stretto giro di posta che anticipavate il versamento di tale somma e fornirci le Vs istruzioni a questo riguardo.

Vi rimettiamo[2] una fotocopia del suddetto assegno e della lettera ad esso allegata.

Restiamo in attesa di una Vs risposta e Vi salutiamo distintamente.

<u>CREDITO RURALE – CASSA REGIONALE</u>
Responsabile Cassa

All. 2

1 Commercialese for *oggi*.
2 Alternatives: *inviamo, alleghiamo, trasmettiamo*.

77 General query about banking

Monsieur J. Delor
Président-Directeur Général
Mouton-Poulenc
7 rue du Trocadéro
Paris 3 Cedex
France

Dear Sir

In response to your general query about banking in England there are two main types of bank, merchant banks and commercial banks. The former are very numerous and deal with companies generally. The latter are mainly the four big groups, Lloyds, National Westminster, Barclays and Midland.

The enclosed leaflet will give you further details, including information about banking in Scotland. The Ombudsman's office is mainly concerned with complaints about banks.

You should note that The Post Office in England also has some banking and money transfer facilities.

Yours faithfully

C D Prettyman
For the Ombudsman

Enc.

77 Richiesta di informazioni generali sul sistema bancario britannico

Spett.le Società MONTONE CALCESTRUZZI S.r.l.
Loc.[1] Tenacirillo
80045 POMPEI (NA)
Italia

CA: Sig. Agostino Dell'Ora, Amministratore Delegato

Londra, .../...../199-

SISTEMA BANCARIO BRITANNICO

In riferimento alla Vs richiesta di informazioni sul sistema bancario inglese. Le banche principali appartengono a due categorie principali: le banche mercantili e quelle di credito ordinario, di cui le prime, numerosissime, trattano per lo più con imprese e le seconde sono composte dagli[2] istituti di credito Lloyds, National Westminster, Barclays e Midlands.

Ulteriori informazioni e dati sul sistema bancario scozzese sono inclusi nell'opuscolo allegato. L'ufficio dell'Ombudsman è preposto all'esame[3] dei reclami presentati contro il cattivo funzionamento delle banche.

Prendete inoltre nota che anche le Poste Britanniche offrono alcuni servizi bancari e di trasferimento di denaro.

Distintamente

C D Prettyman
A nome dell'Ombudsman

All.

1 Abbreviation for *Località* (geographical area).
2 Alternative: *comprendono gli*.
3 Alternative: *è responsabile dell'esame, sovrintende l'esame*.

78 Enquiry about post office banking facilities

2 February 199-

La Poste Centrale
Place Général De Gaulle
16000 Angoulême
France

Dear Sirs

I am intending to open a second business in Angoulême and would like to enquire what services you offer to small businesses.

I have in mind giro banking; can you tell me how your post office bank accounts work? Secondly, is it to you that I should apply to have a telephone? Thirdly, do you have special rates for business mail?

I would be most grateful for any information you can send me.

Yours faithfully

Mostyn Evans
Proprietor

78 Richiesta d'informazioni sui servizi bancari offerti dalle Poste Italiane

Spett.le AMMINISTRAZIONE POSTALE
Ufficio Piazza Martiri d'Italia
15100 VOGHERA (AL)
Italia

ALLA CORTESE ATTENZIONE DEL DIRETTORE GENERALE

Pontypridd, 2 febbraio 199-

OGGETTO: Servizi bancari postali italiani

La Evans Ltd intende[1] avviare[2] una seconda attività commerciale a Voghera e vorremmo perciò ricevere informazioni sui servizi offerti dall'Amministrazione Postale italiana alle piccole imprese ed in particolare sul sistema del postagiro.

Vorremmo sapere come operano i servizi offerti dall'amministrazione delle Poste Italiane, se dobbiamo rivolgerci ai Vs uffici per richiedere l'allaccio di una rete telefonica e se sono disponibili tariffe speciali per la corrispondenza di tipo commerciale.

Restiamo in attesa di una Vs comunicazione e ringraziamo anticipatamente per le informazioni cortesemente forniteci.

Distinti saluti

EVANS LTD
Mostyn Evans
(Il Titolare)

1 Alternatives: *ha intenzione di, vorrebbe.*
2 Alternatives: *installare, impiantare.*

161

79 Enquiry about opening a post office account

8 March 199-

Bureau Central
Postes et Télécommunications
Paris
France

Dear Sirs

I do not know exactly who to write to and hope that this letter will reach the right service.

I wish to obtain information about opening a Post Office account to enable my French customers to settle my invoices in France and permit me to pay certain of my French suppliers by cheque.

Will you please inform me of your formalities and send me the necessary forms?

Yours faithfully

Eric Clifford
Managing Director

79 Richiesta d'informazioni sull'apertura di conto postale

Spett.le UFFICIO CENTRALE
AMMINISTRAZIONE POSTALE
00163 ROMA
Italia

CA: DIRETTORE GENERALE

8 marzo 199-

OGGETTO: APERTURA CONTO POSTALE

Non conoscendo l'ufficio responsabile a cui rivolgerci ci permettiamo di inviarVi la presente nella speranza che essa venga inoltrata[1] all'ufficio competente.

Vorremmo ricevere informazioni sull'apertura di un conto corrente postale per facilitare[2] il pagamento delle ns fatture da parte dei ns clienti italiani e per consentirci[3] il pagamento ad alcuni dei ns fornitori tramite assegno.

Vogliate notificarci le formalità necessarie e inviarci i pertinenti moduli.

Ringraziamo per la Vs sollecitudine e porgiamo distinti saluti.

CLIFFORD'S HAULAGE LTD
L'amministratore delegato
Eric Clifford

The following alternatives may be used:
1 *trasmessa*; 2 *agevolare*; 3 *permetterci*.

80 Opening poste restante

18 April 199-

La Poste Centrale
Place Bellecour
69001 Lyon
France

Gentlemen

We are in the process of moving our French subsidiary from Villeurbanne to Saint Priest; the move should be completed at some time in the next month.

Could we ask you on receipt of this letter, and until further notice, to retain all mail addressed to us poste restante at your central office?

Please inform us if there are any other formalities to observe. Enclosed is an addressed envelope and international reply coupon for your reply.

Thank you in advance.

Arthur T Goldberg
On behalf of Software Supplies Inc.

Enc.

80 Apertura di fermo posta

Spettabile Ufficio Postale Centrale
Piazza Belcuore
16125 GENOVA
Italia

New York, li 18 aprile 199-

OGGETTO: FERMO POSTA UFFICIO POSTALE CENTRALE GENOVA

La ns consociata italiana, SOFTWARE SUPPLIES ITALIA, sarà trasferita il mese entrante[1] da Asti a Sampierdarena.

Vi preghiamo, a partire dalla data di ricevuta della presente e fino a nuovo avviso, di trattenere tutta la corrispondenza indirizzata alla suddetta società presso l'apposito sportello[2] nel Vs ufficio centrale.

Vogliate inoltre comunicarci eventuali altre formalità. Vi rimettiamo[3] in allegato una busta indirizzata ed un buono internazionale per risposta pagata.

RingraziandoVi anticipatamente cogliamo l'occasione per porgerVi i ns migliori saluti.

Per conto della <u>Software Supplies Inc.</u>
Arthur T. Goldberg

All.

1 Alternative: *prossimo*.
2 Literally, 'at the appropriate post office desk'.
3 Alternative: *inviamo*.